チーム援助で子どもとのかかわりが変わる

学校心理学にもとづく実践事例集

石隈利紀
山口豊一
田村節子

編著

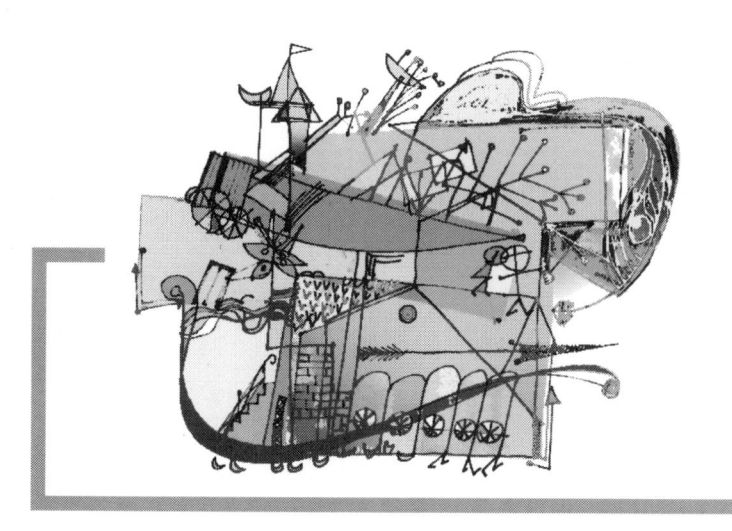

ほんの森出版

はじめに

　学校の先生方は日々頑張っています。大勢の子どもを一人で担任し、一人ひとりの子どもの様子に気を配り、学習面のみならず生活全般に親身にかかわっています。今までどれだけ多くの子どもたちが先生方と出会ったことで救われたことでしょうか。

　しかし、最近は世の中の事情が一変しています。長引く不況は子どもの家庭生活を脅かし、情報の氾濫は子どもを混乱させる一因ともなっています。一方、通常学級には約6％の軽度発達障害と思われる子どもたちが存在しているといわれています。

　このように子どもたちが先生に求める援助ニーズは大きく、かつ多様になっています。今、まさにそれらの子どもたち一人ひとりに合った対応が先生方に求められています。

　しかし、このような子どもたちの大きく、かつ多様なニーズに、担任の先生が一人で応えることは、もはや時間的にも精神的にも限界に近いことと言えるでしょう。

　では、どうやってこれらの多様な子どもたちのニーズに応えていくことができるのでしょうか。

　その方法の一つとして、学校心理学が提案する心理教育的援助サービスという考え方があります。その理論の中核が「チーム援助」すなわち、保護者を含めてその子どもにかかわる人たちがみんなで援助しましょう、という考え方です。

　本書の第1章の1、2、4では、学校心理学やチーム援助についての理論の要点を説明しています。3では、チーム援助を具体的に推し進める方法の一つとして1999年に誕生した石隈・田村式援助チームシート・援助資源チェックシートについて解説しました。

　さらに、第Ⅱ章の5から9までは小学校、第Ⅲ章の10から14までは中学校、第Ⅳ章の15から18までは高校でのチーム援助の実践をご紹介しました。

　嬉しいことに援助チームシートを使った実践が全国的な広がりをみせ、たくさんの実践報告が私たちの元に集まってきています。それらは特別なことをした実践ではなく、できることを行っている実践です。

　今回ご紹介した実践は、数ある実践の中のほんの少しですが、先生方も「これならできる」と思われることが、きっとたくさん見つけられるでしょう。どうぞ、こんなやり方もあることをぜひ知ってください。そして、取り入れられることが一つでもあれば、編者一同こんなに嬉しいことはありません。

　では、さっそくページをめくってチーム援助の実践の数々をご覧ください。

『チーム援助で子どもとのかかわりが変わる』

も　く　じ

はじめに …………………………………………………………………………… 3

第Ⅰ章　チーム援助の考え方
1. チーム援助の発想とシステム ……………………………… 石隈利紀　8
2. 援助チームの作り方・進め方 ……………………………… 田村節子　14
3. 援助チームシート、援助資源チェックシートの使い方…… 石隈利紀・田村節子　19
4. チーム援助の実践に向けて ………………………………… 山口豊一　25

第Ⅱ章　小学校における実践
5. 校内支援委員会によるチーム援助 ……………………………………38
6. ＡＤＨＤとＬＤを併せもつ子どもとのかかわり ……………………45
7. 力尽きて不登校になった子どもへの援助 ……………………………55
8. 学校と適応指導教室が協力した実践 …………………………………65
9. 場面緘黙で教室に居られない子どもとのかかわり …………………74

第Ⅲ章　中学校における実践
10. ２学期から元気をなくした生徒へのかかわり ………………………82
11. 配慮を要する生徒へのかかわり ………………………………………93
12. 「保健室登校」生徒へのチーム援助 …………………………………102
13. アスペルガー症候群の生徒とのかかわり ……………………………109
14. 三つの機関の協働を円滑にすすめた援助シート ……………………116

第Ⅳ章　高校における実践

- ⑮　留年した生徒へのかかわり ……………………………………………………126
- ⑯　自傷行為が心配な生徒へのかかわり ……………………………………………132
- ⑰　教育相談委員会を生かしたかかわり ……………………………………………137
- ⑱　保健室登校から教室復帰、進路決定までのかかわり …………………………143

資料・「ちょっと待って！　その言葉」 ……………………………………………148

引用・参考文献 ………………………………………………………………………150

おわりに－14事例から学ぶチーム援助実践のヒント－ ………………………… 石隈利紀　151

執筆者一覧 ……………………………………………………………………………159

本誌に掲載されている事例については、プライバシー保護のため、事例が特定できないように、たとえば氏名、地名などの固有名詞はすべて変えたり、複数の事例と合わせたりして、事例の趣旨が損なわれない範囲で必要な修正を加えてあります。

第Ⅰ章
チーム援助の考え方

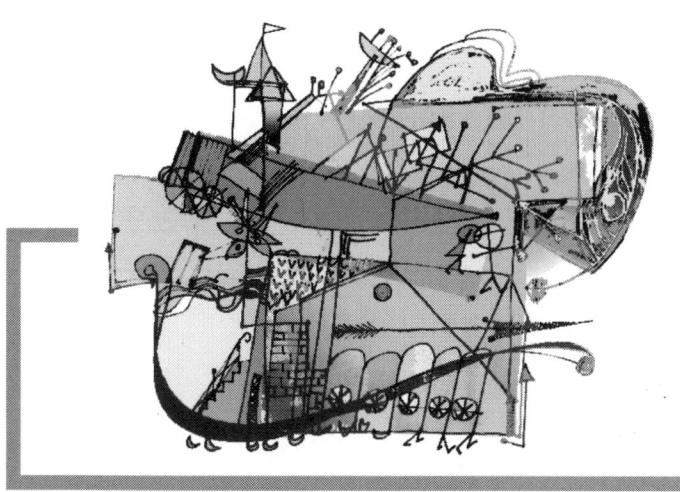

1 チーム援助の発想とシステム

石隈　利紀

　不登校、いじめ、さまざまな障害など子どもの苦戦は多様です。またスクールカウンセラーの導入やボランティアの活用など、学校教育にかかわる援助者が多様化しています。そして、LD（学習障害）、ADHD（注意欠陥／多動性障害）、高機能自閉症などの発達障害により学校生活で苦戦しやすい子どもが注目され、特別支援教育の制度化が急速に進められています。

　子どもたちの多様な援助ニーズに応えるために、援助者の援助活動を組み合わせ、集まりとして、効果的に行う必要があるといえます。その際鍵を握るのが、「チーム援助」であり、「コーディネーション」です。チーム援助のコーディネーションとは、子どもの援助者をつなぎ、子どもの状況についての情報をつなぎ、共有の援助方針を立て、それぞれの援助者が自分の立場を生かしたかかわりができるようにするプロセスです。言い換えれば、コーディネートされたチーム援助とは、「共通の方針のもとに、自分を生かしたさまざまな援助を行うこと」です。

　ここで、チーム援助実践の基盤となる学校心理学をもとに、チーム援助の発想と実践について紹介します。

1．学校心理学

(1) 学校心理学とは

　学校心理学とは、学校教育において一人ひとりの子どもが学習面、心理・社会面、進路面、健康面などにおける課題の取り組みの過程で出会う問題状況の解決を援助し、子どもの成長を促進する「心理教育的援助サービス」の理論と実践を支える学問体系です。心理教育的援助サービスの対象は、すべての子どもであり、心理教育的援助サービスの担い手は、教師、スクールカウンセラー、保護者らのチームです。

　学校心理学では、学校教育と心理学双方における多くの領域が統合されていますが、学校心理学を構成するのは、主として次の三つの柱です。

①子どもの学習や発達、および行動や人格に関する心理学・行動科学の理論と方法
　　（例：発達心理学、教授・学習心理学、臨床心理学、社会心理学など）
②子ども、教師、保護者、学校組織などへの心理教育的援助サービスの理論と技法
　　（アセスメント、カウンセリング、コンサルテーション、コーディネーションな

ど）
③学校教育の理論と方法
　　（教育哲学、教育方法、教育課程、学級経営、学校経営、特別支援教育など）

(2)　なぜ学校心理学か

　不登校の子ども、またLD、ADHD、高機能自閉症などの発達障害の子どもへの援助に関する問題は、教育相談、生徒指導、カウンセリング、特別支援教育など、さまざまな領域で議論され、知見が蓄積されてきました。しかし、領域間での意見交換はそれほど進んでいません。学校心理学は、子どもの学校生活での苦戦について議論し、研究する共通の枠組みを提供し、子どもの学校生活を援助する知見を総合的に論じながら、援助サービスの向上をめざします。つまり学校心理学が大切にするのは、子どもの成長を促進する学校生活の質（Quality of School Life）です。

(3)　4種類のヘルパー

　学校や地域には、子どもを援助する豊かな援助資源があります。子どもの援助者である心理教育的援助サービスの担い手は、職業的な援助者と非職業的な援助者が含まれ、4種類のヘルパー（援助者）として整理できます。

　①　専門的ヘルパー
　心理教育的援助サービスを主たる仕事として行う者のことで、専門的な知識と技法を体系的にもって援助を提供する援助専門家です。スクールカウンセラーは、専門的ヘルパーとして期待されます。教育センターの相談員や特別支援教育における「巡回相談員」も、専門的ヘルパーといえます。

　②　複合的ヘルパー
　職業上の複数の役割に関連させながら、その一つあるいは一側面として心理教育的援助サービスを行う者です。学校における中心的なヘルパーである教師は、複合的ヘルパーとして位置づけられます。複合的ヘルパーにとって大切なのは、自分の立場で使用できる援助力です。
　教育相談担当や特別支援教育担当の教師、そして養護教諭は、援助活動における専門性やリーダーシップの点では、「専門的」ヘルパーとしての機能をもっています。

　③　役割的ヘルパー
　役割のひとつあるいは一側面として心理教育的援助サービスを行う者で、子どもにとって役割的ヘルパーは保護者です。保護者は子どもを援助する責任と力を持った役割的ヘルパーです。学校心理学では、保護者を「自分の子どもの専門家」としてとらえ、教師、保護者、スクールカウンセラーによるチーム援助を強調します（例：「コア援助チーム」）（石隈・田村　2003）。

　④　ボランティア的ヘルパー
　職業上や家族としての役割とは直接的には関係なく、子どもや教師、保護者にとって援助的なかかわりを自発的にする者です。ボランティア的ヘルパーの代表は、子どもの友人です。近所のお店の店員さんやいわゆる「ボランティア」の方々も、重要なボランティア的ヘルパーです。ピアカウンセリング、ピアサポートのプログラムは、友人のボランティ

ア的ヘルパーとしての活動を活性化する機能があるといえます。

２．心理教育的援助サービスのシステム

教師やスクールカウンセラーは、授業，部活動，面接などを通して、子どもと直接的にかかわります。学校心理学では、「カウンセリング」をやや広義に定義して、子どもに対する直接的な援助としています。カウンセリングに関する理論や技法が役に立つのは、主として子どもへのかかわりです。

子どもにとって得になる援助サービスを行うためには、子どもへの直接的なかかわりを支える「援助者の協働」が必要です。

協働には、教育相談や特別支援教育担当の教師（コンサルタント）が担任の先生（コンサルティ）に行うコンサルテーションがあります。ここでは、コンサルタントはコンサルティを通して、間接的に子どもにかかわっています。援助チームによる話し合いもコンサルテーションや相互コンサルテーションの形態であり、協働の重要な場面です。

教師やスクールカウンセラーは、子どもとの直接的なかかわりを喜びとし、生きがいとする傾向が強く、間接的なかかわりであるコンサルテーションやチーム援助に手ごたえを感じなかったり、「その他の仕事」としてとらえることがあります。その点において、チーム援助の実践は「意識的に取り組むべき課題」です。

ここでは、援助サービスのシステムを三つのレベルで説明します。三種類のチーム援助ともいえます。

（1）特定の子どものための援助サービスのコーディネーション：援助チーム

学校生活で苦戦している子どもに対して、学級担任、保護者、そしてコーディネーター役の援助者（例：教育相談担当、スクールカウンセラー）などで、「援助チーム」を形成します。援助チームでは、一人ひとりの子どもの願い・力、そして援助ニーズに応じて、個別の援助を計画し、それに基づいて援助サービスのコーディネーションを実施します。

（2）学校の援助サービスのコーディネーション：校内支援委員会

心理教育的援助サービスのコーディネーションを、学校全体で行うのが校内支援委員会（コーディネーション委員会）です（家近・石隈　2003）。校内支援委員会は、教育相談担当、特別支援教育担当、養護教諭、そしてスクールカウンセラーなど、援助サービスに関連の強い教職員と管理職から構成されます。

今日、ＬＤ、ＡＤＨＤ、高機能自閉症などの子どもに対する特別支援教育において、校内支援委員会の意義が強調されています。

校内委員会の機能は，主として

①不登校や発達障害などで苦戦している子どもの援助サービスに関して，学級担任や保護者の相談窓口になり，その子の苦戦に関して，子どもの状況の実態把握をしたり，援助案を検討すること

②心理教育的援助サービスにおける課題（例：不登校の子どもの援助システムについての

検討、研修の企画）について話し合うことです。

「援助チームシート」や「援助資源チェックシート」は、援助チームや校内支援委員会の話し合いで使われます。

(3) 援助サービスのマネジメント：運営委員会

心理教育的援助サービスの充実には、マネジメントが鍵を握ります。ここではマネジメントとは、経営、運営、管理を意味します。そして、心理教育的援助サービスのマネジメントは、「学校教育全体のシステムを支え、学校教育に関する意思決定（例：予算、人的配置、教育目標）を行う」という学校経営のひとつの柱です。

心理教育的援助サービスのマネジメントは、管理職や主任などからなる運営委員会（あるいは教職員会議）によって行われます。そこで、学校の子どもたちの学校生活の状況や援助ニーズを把握し、学校自体がもつ資源（例：教職員の力、地域の力）について明確にしながら、教育目標（例：不登校への対応、特別支援教育の充実）、人事（例：スクールカウンセラーの雇用、特別支援教育コーディネーターの指名）、保健室の運営などについて話し合うことが必要です。

学校における心理教育的援助サービスの流れを13頁に図で示しました。

ここでステップⅠは、すべての子どもに対する一次的援助サービス、ステップⅡは、苦戦がはじまった子どもへの二次的援助サービス、そしてステップⅢは、援助ニーズの大きい子どもへの三次的援助サービスを指します。

一人ひとりの援助者が、子どもの苦戦に気づき、かかわりを工夫しながら、援助チーム、校内支援委員会、運営委員会のレベルで子どもへの援助サービスを充実させていきます。

3．さいごに

本書では、「援助チーム」の実践に焦点をあてますが、一人ひとりの子どもの援助ニーズに応じるかかわりを学校レベルで検討し、実践する点においては、援助チーム、校内支援委員会、運営委員会、どのレベルでも活用できる方法を提案します。

心理教育的援助サービスでは、「一人ひとりの援助者がどのような仕事をするか」という問いも大切ですが、「一人ひとりの子どもがトータルとしてどのような援助を受けるか」がもっと大切です。子どもの援助ニーズに応じ、適切な心理教育的援助サービスを提供するために、一人ひとりの援助者の専門性と役割を生かすチーム援助が鍵を握るのです。

ＬＤ（学習障害）とは

「基本的には全般的な知的発達に遅れはないが、聞く、話す、読む、書く、計算する又は推論する能力のうち特定のものの習得と使用に著しい困難を示す様々な状態を示すものである。学習障害は、その原因として、中枢神経系に何らかの機能障害があると推定されるが、視覚障害、聴覚障害、知的障害、情緒障害などの障害や、環境的な要因が直接的な原因となるものではない」（文部科学省 2004）

ADHD（注意欠陥／多動性障害）とは

「年齢あるいは発達に不釣り合いな注意力、及び／又は衝動性、多動性を特徴とする行動の障害で、社会的な活動や学業の機能に支障をきたすものである。また、7歳以前に現れ、その状態が継続し、中枢神経系に何らかの要因による機能不全があると推定される」（文部科学省　2004）

高機能自閉症とは

「3歳位までに現れ、他人との社会的関係の形勢の困難さ、言葉の発達の遅れ、興味や関心が狭く特定のものにこだわることを特徴とする行動の障害である自閉症のうち、知的発達の遅れを伴わないものをいう。また、中枢神経系に何らかの要因による機能不全があると推定される」（文部科学省　2004）

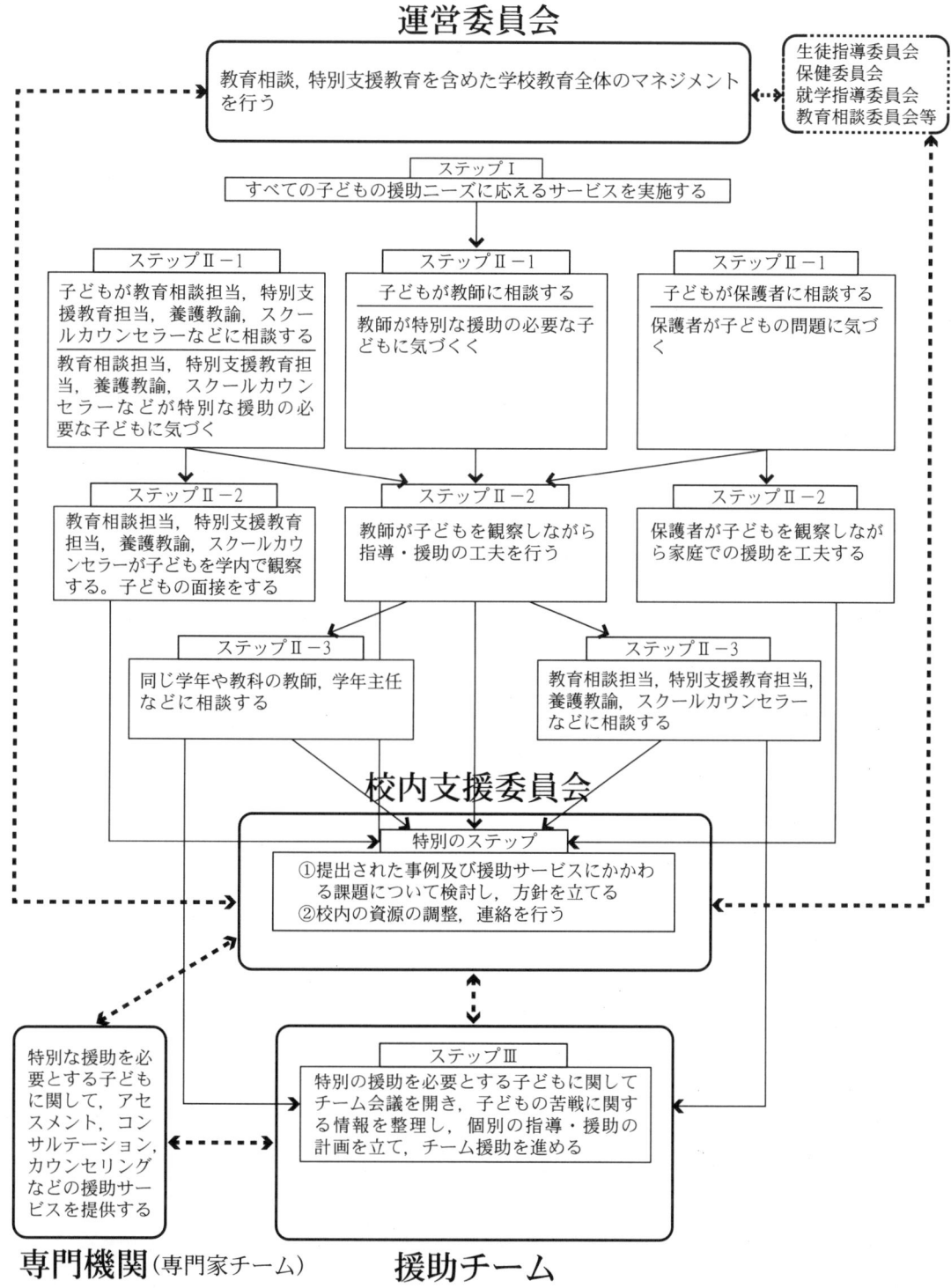

(ステップⅠ：一次的援助サービス，ステップⅡ：二次的援助サービス，ステップⅢ：二次的または三次的援助サービス)
図　運営委員会，校内支援委員会，援助チームにおける心理教育的援助サービスの流れ

(石隈利紀　1999『学校心理学』誠信書房　を一部変更)

② 援助チームの作り方・進め方

田村　節子

　子どもは、多様な人間関係のなかで援助されつつ成長していきます。子どもが乗り越えられない問題状況に直面した時、子どもと接する先生方、保護者、スクールカウンセラーなどが話し合ってみると、その子が各々の前で見せる姿の違いを知ることができます。そして、話し合うことにより、さらにその子の状況を理解し、その子にぴったり合った援助を行うことができます。

　そこに、連携すること、すなわち援助チームの意義があります。

　学校には連携できる援助者が大勢います。つまり、学校は援助資源の宝庫です。ここでは、校内で"子ども一人ずつの支援隊"を作り、援助を進めていく一方法についてご紹介しましょう。

1．援助チームを作るには

　援助チームを作るには、コーディネーターとして機能する人が必要になります。コーディネーターは、援助対象の子どもや親をよく知る教育相談係・生徒指導主事・学年主任・養護教諭・特別支援教育担当・スクールカウンセラーなどが担います。コーディネーターは、次のようなことを心がけます。

①チームで援助するという意識を強くもつ

　人と人をつないだり、つないだ関係を持続していくには細かい配慮やエネルギーがいるため、「その子にとって望ましいサポートと、それが得られるのは誰からか」を常に頭においておくことが大切です。

②信頼関係が生まれるように個々に働きかける

　メンバーは、コーディネーターの働きかけから「自分がどう扱われているか」を知り、チーム援助への意欲が左右されます。そのために保護者の思いや願い、担任の先生の気持ちに配慮します。

　コーディネーターは、信頼関係を結ぶ役目も担うため、一人ひとりにていねいにかかわることが大切です。

2．コーディネーターの役割

　学校という場はハプニングの連続です。それらに臨機応変に対応しつつ、コーディネーターは次のようなことを行います。

①話し合いを行うタイミングを見極める

　早期に設定する場合とあせらずに慎重に時期を見極める場合があります。特に保護者や子どもの心情には配慮します。保護者との信頼関係を充分築いてからコーディネートする

ことがうまくいくコツです。

　②援助者個人の持ち味をいかす

　援助者個人の持ち味が援助案に反映できるように配慮します。そのために、上下の関係ではなく横の関係で話せる雰囲気を作ります。

　③話し合いの中では、司会者の役割を担う

　時間の管理と内容の管理をします。話し合いの目的を明確にし、検討事項の優先順位をつけ、情報収集から具体的な援助案の検討と決定に流れるようリードします。ただし、コーディネーターは自分も援助に加わっているため、話し合いには積極的に参加します。なお、援助チーム内で情報を共有して役割分担するために、二種類のシート（援助チームシート、援助資源チェックシート）を用意します。(詳しくは3を参照)

　援助チームで話し合う時は、子どもの問題ではなく、解決に焦点を当てて話し合います。まず、4領域(学習面、心理・社会面、進路面、健康面)の子どものよいところ、援助が必要なところなどの情報を収集します。それをもとに援助の方向性を同じにし、実現できそうな小さな具体案を作って役割分担します。援助チームでの話し合いの頻度は、週1回、隔週、月1回、隔月、学期に1回、必要に応じてなどさまざまです。その子どもの状況に合わせて話し合いの頻度を選択します。

　④連絡の確認を行う

　援助チームが円滑に機能する鍵のひとつが、連絡を確実に行うことです。コーディネーターは、様々な連絡が正しく伝わっているか否かの確認もします。伝わらないことが多い場合には、そのことを取り上げ話題にすると、校内や家庭内のコミュニケーションの問題に気づくきっかけになることもあります。

　⑤各援助者がコーディネーターとして求められる役割

　下記のそれぞれの援助者が、コーディネーターとしての役割を担う時、心理教育的援助サービスの専門家やあるいは、役割的な仕事の一環として、次のことを行うことが期待されます。

＜学年主任＞

　その子どもや学級の様子等について精通している情報を生かして、その子どもにとって必要な人と情報を集めるためのリーダーシップを発揮することが求められる。

＜生徒指導担当＞

　校内での援助チーム作りのみならず、学外との連携にもコーディネートする力を発揮することが求められる。

＜教育相談担当＞

　問題解決に必要なスキルをもっているため、援助チームにおいて心理教育的援助サービスのリーダーシップをとることが求められる。

＜養護教諭＞

　体の不調を切り口としてアプローチできるという立場を生かして、保護者へのアプローチや担任や医療との連携の窓口として、リーダーシップを発揮することが求められる。

＜特別支援教育担当＞

　主に個別の教育計画の作成や実践および特別支援教育のコーディネーションにおいて、リーダーシップを発揮することが求められる。

＜スクールカウンセラー＞

　心理教育的援助サービスの専門家として、

必要な情報を確認し、アセスメントの計画を立てる。そして、問題解決のための援助方針の決定や個別の援助計画作成のプロセスを促進することが求められる。

3．援助チームのタイプ

援助チームは、援助の対象となる子どもの問題によって概ね次の三タイプに分かれます。

①コア援助チーム

主に保護者・担任・コーディネーターが援助チームの核となり、直接的・間接的に子どもへの援助を主導します。チームが小さいため、早期に柔軟に対応できるという利点があります（図1）。コア援助チームを作るためには、保護者と担任、担任とコーディネーター、コーディネーターと保護者の間（二者）での話し合いをもち、お互いの信頼関係を築きます（間接的なコア援助チーム）。その上で、コーディネーターがタイミングを見てコア援助チームを作ると円滑に援助が進みます。さまざまな事情でコーディネートが難しい場合は、間接的なコア援助チームで援助します。

②拡大援助チーム

コア援助チームをベースに、子どもにとって必要な学校内での援助資源（学年主任・部活顧問等）に参加を依頼し、話し合いを位置づけながら援助していきます（人数は4～8人）（図2）。

③ネットワーク型援助チーム

援助チームのメンバーが保有するネットワークを通じて広く援助を要請します。関係者が全員顔を合わせて話し合う場合と、コーディネーターが拡大援助チームと外部機関の共通理解を促進する役割を担う場合があります。

このタイプは、対外的な機関との連携窓口である生徒指導担当などとコーディネーター役との信頼関係および連携がチームをうまく機能させる鍵となります（図3）。

4．援助チームにおける保護者の位置づけ

保護者は、図4のように学校と家庭の接点に位置づけられます。学校での援助チームの話し合いに参加し、それをもとに家庭で他の家族や子どもにかかわります。保護者が子どもへのかかわりに自信が持てない場合は、援助チームとは別に保護者に対する個別面接を

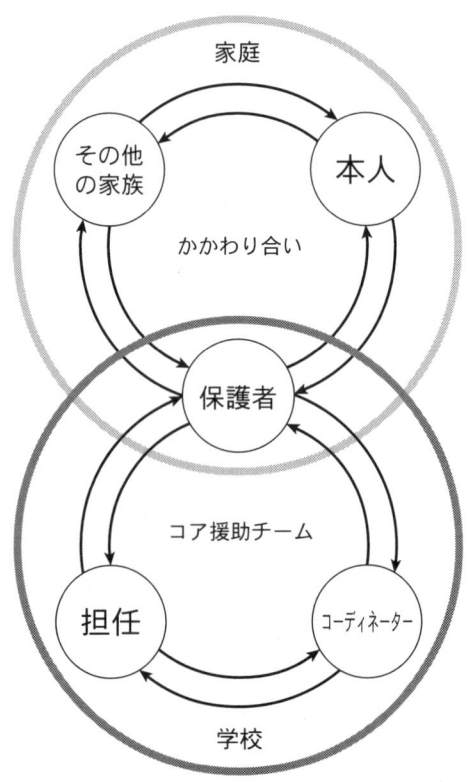

図4　コア援助チームでの保護者の位置づけ
（石隈・田村　2003）

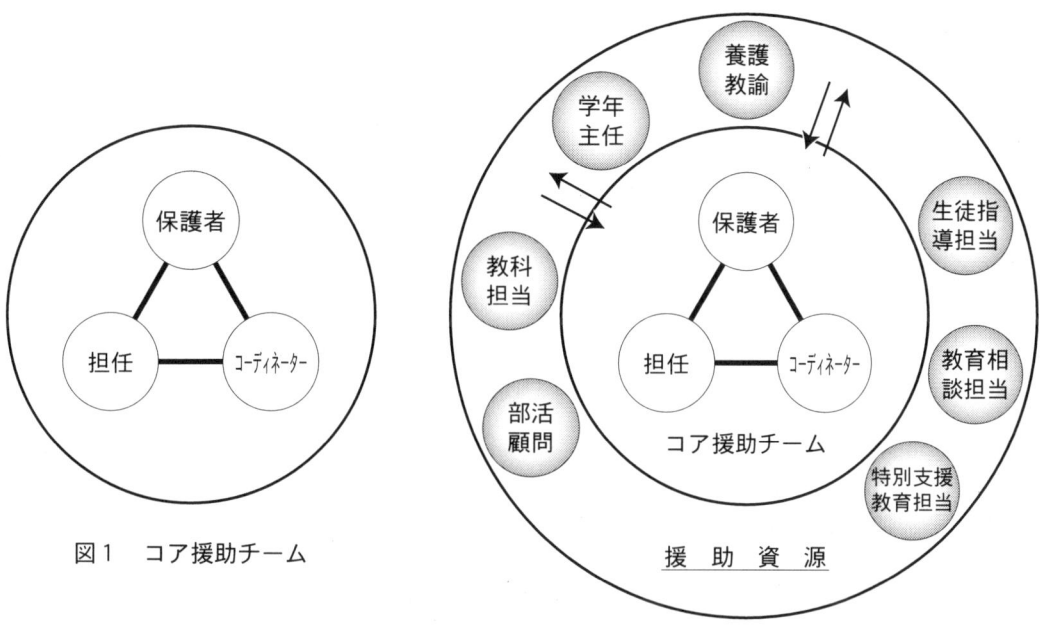

図1　コア援助チーム

図2　拡大援助チーム例

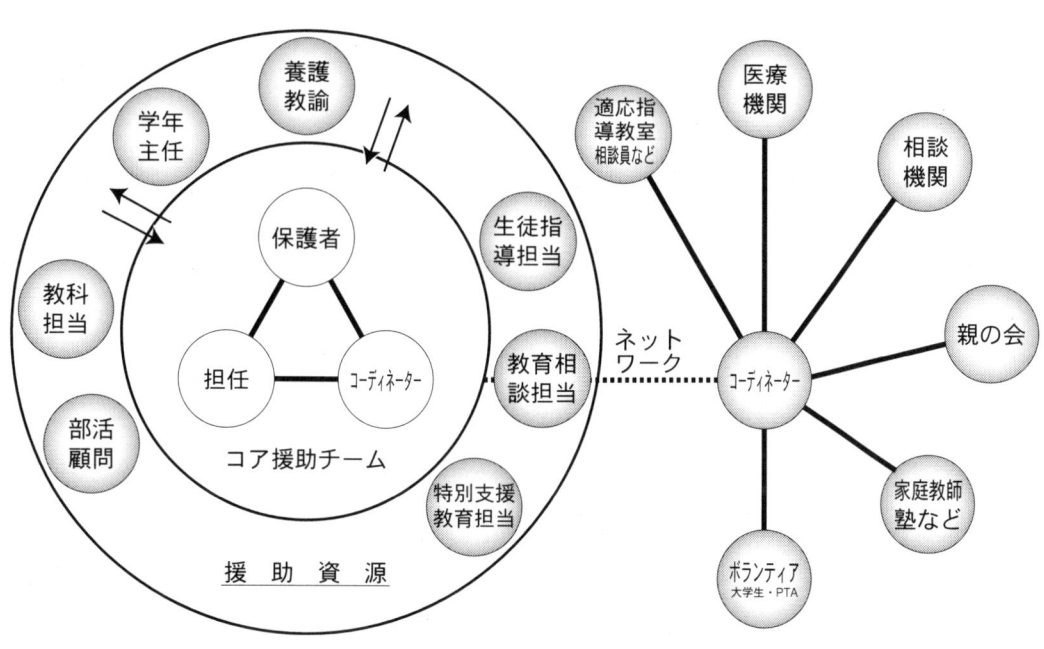

図3　ネットワーク型援助チーム例

出典：石隈利紀・田村節子　2003『石隈・田村式援助シートによる援助チーム入門―学校心理学実践編』p.83　図書文化

行います。

5．おわりに

　子どもが何に苦しみ、何を訴えているのか、援助の過程で私たちは感じ取らなくてはなりません。苦しんでいる子どもの気持ちを知ろうとすることは、援助の出発点です。そして、子どもにとっても、自分に関心を向け、気持ちを分かろうとしてくれる人の存在は、子どもに温かいなにかを伝えることでしょう。

　チームで援助する場合も、援助者同士が相手の立場を思いやれる感性が必要です。それがあって初めてチームとしての援助が生きてきます。

　さらに、援助チームでの活動を通して多くの援助者は、援助者としての自分も成長していく過程を経験します。そして、その経験が援助者自身の自助資源としても生かされていきます。

　すなわち、チーム援助とは、子どもの成長に貢献しつつ、自分自身をも成長させる過程であるともいえるでしょう。

③ 援助チームシート、援助資源チェックシートの使い方

石隈　利紀／田村　節子

「援助チームシート」(22頁、23頁)と「援助資源チェックシート」(24頁)は、援助資源を発見・活用し、チームでの援助を促進するために開発した記入用紙です。また、教育相談担当や学級担任の先生が個人的な記録や引き継ぎの資料としても使えます。(パソコンで記入できるCD-ROMが、『石隈・田村式援助シートによるチーム援助入門』図書文化　に付いています)

以下、記入の仕方を説明します。

1. 援助チームシート
（情報収集と援助案作成のためのシート）

情報のまとめと援助の立案のためのこのシートは、4領域(学習面、心理・社会面、進路面、健康面)にわたる情報を収集し分析するプロセス(石隈　1999)」と、援助の立案を一つの表の中で行います(B4版に拡大コピーして使用可)。その際、誰が、いつからいつまで、その子のために何を行うか、が明確になされることを目標とします。

幼稚園児など年齢の低い子どもや特別支援教育が必要な子どもの場合は、知的能力・学習面、言語面・運動面、心理・社会面、健康面、生活面・進路面の5領域版が有用です。

これらのシートは、子どもとかかわる人たちが、チームで援助する時に使用します。さらに、保護者や子どもの面接時に、援助者が、自分自身で子どもの情報を整理して援助案を立てる時にも活用できます。

①情報収集の記入の仕方(A)(B)(C)欄

表を二分した上段は、領域別の情報収集の欄です。横軸の項目が援助ニーズの領域を表しており、その領域ごとに「子ども自身の自助資源(よい所)(A)」、「援助が必要なところ(B)」、「今まで行った援助とその結果(C)」について、情報を収集し記録します。自分の言葉で事実を簡単に記入します。この表を埋めることで「分かったこと」「分からないこと」「したこと」「していないこと」が明確になり、この情報収集の欄のみを記入するだけでも、子どもへの援助に足りないところが見えてきます。

また、援助チームシート標準版は、標準的な質問項目がついているため、初めて使う方にも利用しやすく、全ての子どもを対象とした引き継ぎの際に利用すると、統一した情報収集が可能となります。

②援助方針の記入の仕方(D)欄

上記の情報から、この時点での援助方針(援助の大きな柱)を話し合い、箇条書き等で記入します。その子に対して援助可能なとりあ

えずの目標等を決めます。援助方針を共通理解することで援助の方向性が一致し、一貫した援助が可能となります。このことは、援助を受ける側の混乱を防ぎ、子どもに安心感を与えることにつながります。

③援助案の記入の仕方（E）（F）（G）欄

表の下段は、援助方針に添いながら領域別の援助案を記入する欄です。ここでは、援助方針（D）に沿って、チームで話し合いながら援助案を記入することで役割分担を明確にします。上段の「援助が必要なところ（B）」の欄に対して、「子どものいいところ（A）」、「してみたこと（C）」を加味しつつ「これからの援助で何を行うか（E）」の欄を考えると援助案が立てやすくなります。

ポイントは、次のように考えることで発想を転換することができることにあります。

①子どものいいところに目を向け、活かす
②「私の立場で、私に何ができるか」と考える

チームで話し合う際は、それぞれが自分の立場で「その子やその保護者あるいは担任の先生に対して自分は何ができるか」を考え、小さく具体的な案（たとえば「本人が登校した際には自分も必ず一声掛ける」）を提案するとよいでしょう。援助案の役割分担（F）と期限（G）を決め、次回の話し合いの際に「これからの援助で何を行うか（E）」の欄の内容を再吟味して援助案を修正します。

2. 援助資源チェックシート
（援助資源発見のためのシート）

子どもとかかわりのある人を見つけます。子どもがほっとできる人（友達や先生など）や場所・ペットなども含みます。その中で子どもにとって必要な人（キーパーソン）にタイミングを見極めながら援助に加わってもらいます。

つまりこれは、援助資源すなわち「子どもの問題解決に援助的な機能をもつ人的資源や物的資源（石隈　1999）」の発見のためのシートです。このシートは、短時間に記入することができ、教師やスクールカウンセラーが、その子と関係のある友達や教師や関連機関などを一目で把握できるように工夫されています。（Ｂ４判に拡大コピーして使用可）

①援助資源名の記入の仕方

シートの四角内の上方に細字で明記されている援助資源（たとえば友達など）の名前を記入していきます。その際、その子と今かかわりのある人の名前を書き込みます。したがって、担任と保護者は必ず記入します。

援助資源名の書き込みは、簡単に短時間に記入ができるため、担任の先生が二者面談時や家庭訪問時に記入したり、一度にたくさん子どもが訪れる保健室の養護教諭が短時間に記入することもできます。

また、教師やスクールカウンセラーが、保護者と面接した際に得た援助資源の情報や、他の教師から得た援助資源の情報を追加して書き込むと、さらに豊かなチェックシートができます。

年度当初にシートに記入すると、その子の「援助資源の数が少ない（特に級友等）」、あるいは「あっても関係が稀薄」等に、担任の先生や養護教諭などが気づくきっかけになり、予

防的にかかわることができます。

　援助資源(サポーター)の把握はネットワークの拡大にもつながり、欠かすことのできない心理教育的アセスメントの一つです。援助資源を発見し、チームに参加することで、より綿密なアセスメントが可能となり援助の立案に役立ちます。

　②事例検討研修会に利用

　先生方がグループになり、実際に援助で困っている生徒の援助案を考えます。生徒の情報収集欄を前もって埋めてあるシート(援助チームシートA～C欄と援助資源チェックシートの2枚)を使い、援助方針と援助案の欄は空欄にし、話し合いで決めてもらいます。話し合う過程でチーム援助の意識の促進も期待できます。

　③引き継ぎに利用

　小学校から中学校への引き継ぎや、学年間の引き継ぎの際にシートを利用すると、援助者が代わっても援助チームのスタートがスムーズに行えます。

　なおこれらのシートの他に、子どものいいところや援助ニーズを把握するために「石隈・田村式アンケートシート」(石隈・田村　2003)もあります。

　これらのシートは、書きこんで保存することを目的にするのではありません(形式にとらわれ中身がなくなる)。一人の子どもの援助のために、その子を思い浮かべながら、使う人の言葉で柔軟に書き込み、それを基に実際に援助するためのシートとして使用されることを目的としています。なお、プライバシーの保護には充分に注意を払います。

【石隈・田村式援助チームシート 標準版】 実施日： 　年　月　日（ ）　時　分～　時　分 第　回
次回予定： 　年　月　日（ ）　時　分～　時　分 第　回
出席者名：

苦戦していること（　　　　　　　　　　　　　　　　　　　　　　　　　　）

児童生徒氏名 年　組　番 担任氏名		学習面 (学習状況) (学習スタイル) (学力) など	心理・社会面 (情緒面) (ストレス対処スタイル) (人間関係) など	進路面 (得意なことや趣味) (将来の夢や計画) (進路希望) など	健康面 (健康状況) (身体面での訴え) など
情報のまとめ	(A) いいところ 子どもの自助資源	得意(好き)な教科・自信があるもの: やりやすい学習方法: 学習意欲:	性格のいいところ: 楽しめることやリラックスすること: 人とのつきあい方:	得意なことや趣味: 将来の夢や憧れの人: 役割・ボランティア: 進路希望:	体力や健康状況: 健康維持に役立つこと:
	(B) 気になるところ 援助が必要なところ	成績の状況や学習の様子: 苦手・遅れが目立つ教科: 学習意欲:	性格の気になるところ: 気になる行動など: 人とのつきあい方:	目標や希望の有無など: 進路情報:	心配なところ: こだわりや癖: 気になる体の症状:
	(C) してみたこと 今まで行った，あるいは，今行っている援助とその結果				
援助方針	(D) この時点での 目標と援助方針	「この子どもにとって必要なこと，大事にしてほしいところ，配慮してほしいこと」等 ・ ・			
援助案	(E) これからの援助で何を行うか				
	(F) 誰が行うか				
	(G) いつから いつまで行うか				

参照：石隈利紀著『学校心理学―教師・スクールカウンセラー・保護者のチームによる心理教育的援助サービス―』誠信書房　© Ishikuma & Tamura 1997-2003
　　　石隈利紀・田村節子著『石隈・田村式援助シートによるチーム援助入門―学校心理学・実践編―』図書文化

【石隈・田村式援助チームシート 5領域版】　実施日　：　　年　　月　　日（　）　　時　　分～　　時　　分　第　　回
　　　　　　　　　　　　　　　　　　　次回予定：　　年　　月　　日（　）　　時　　分～　　時　　分　第　　回
　　　　　　　　　　　　　　　　　　　出席者名：

苦戦していること（　　　　　　　　　　　　　　　　　　　　　　　　　　　　　　　　　　　）

児童生徒氏名 年　組　番 担任氏名	知的能力・学習面 （知能・学力） （学習状況） （学習スタイル） など	言語面・運動面 （ことばの理解や表現） （上下肢の運動） など	心理・社会面 （情緒面） （人間関係） (ストレス対処スタイル) など	健康面 （健康状況） （視覚・聴覚の問題） など	生活面・進路面 （身辺自立） （得意なことや趣味） （将来の夢や計画） など
情報のまとめ／（A）いいところ　子どもの自助資源					
情報のまとめ／（B）気になるところ　援助が必要なところ					
情報のまとめ／（C）してみたこと　今まで行った，あるいは，今行っている援助とその結果					
援助方針／（D）この時点での目標と援助方針					
援助案／（E）これからの援助で何を行うか					
援助案／（F）誰が行うか					
援助案／（G）いつからいつまで行うか					

参照：石隈利紀著『学校心理学―教師・スクールカウンセラー・保護者のチームによる心理教育的援助サービス―』誠信書房　ⓒ Ishikuma ＆ Tamura 1997-2003
　　　石隈利紀・田村節子著『石隈・田村式援助シートによるチーム援助入門―学校心理学・実践編―』図書文化

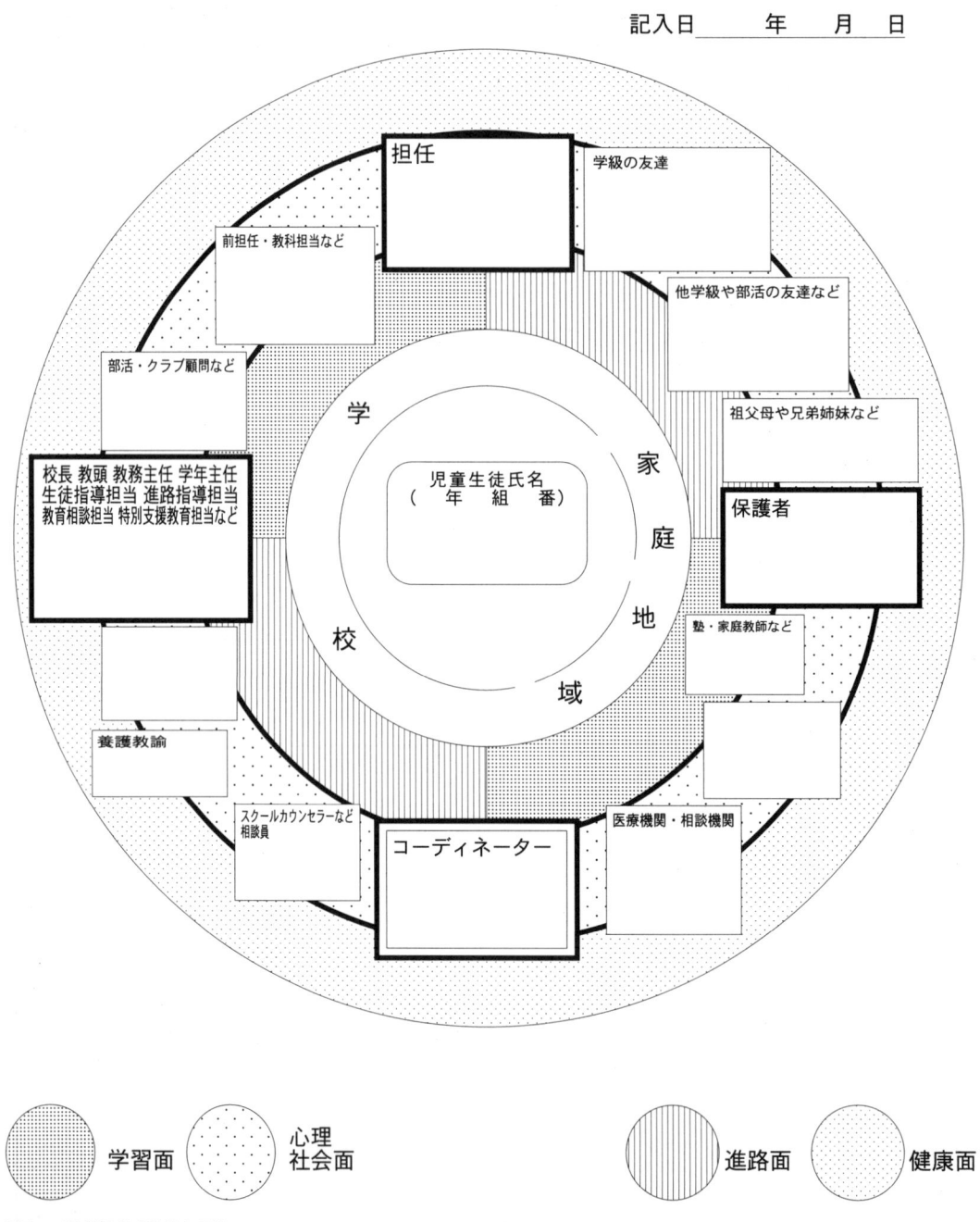

24

4 チーム援助の実践に向けて

山口 豊一

苦戦する子どもをチームで援助することが求められています。ここでは、チーム援助に関する学校心理学の理論とチーム援助の実践に向けての方法論や配慮点について説明します。

1. 学校心理学について

(1) 心理教育的援助サービスにおける四つの領域

① 学習面

石隈(1999)によると、学習面での援助サービスとは、子どもの学習面における問題解決の援助です。学習意欲の促進、子どもの学習状況(学習習慣、学力、学習スタイルなど)の理解、学習スキルの獲得、学習計画の立案の援助、基礎学力の獲得などが含まれます。学習は、個人的な経験であると共に、教師や級友とのかかわり合いがある社会的な経験でもあります。学習面での問題は、他の心理・社会面、進路面、健康面との関係も深く、子どもへの援助として欠かせません。

② 心理・社会面

心理・社会面での援助サービスとは、子どもの感情、認知、行動や自尊感情に関する援助、子どもの友人、教師、家族との関係や、学級などの集団への適応といった他者とのかかわりに関する援助です。心理面では、子どもの情緒的な苦悩の軽減、自己理解の促進、自己に対する効力感(自信)の獲得・向上、ストレスへの対処と対処法の獲得について援助します。社会面では、友人や学級、学校への適応の促進、人間関係の理解、対人関係の問題の解決、対人関係スキルの獲得などについて援助します。

③ 進路面

進路面での援助サービスとは、進学先の決定や職業選択などの基盤になる生き方や生きる方向の選択の援助です。『学校心理学』(石隈 1999)には進路面の代表的な教育課題として「学習や遊び場面で自分の行動について選択する・自分の得意なものや楽しめるものをみつける・学級活動を通して役割をもつ意味を知る・中学への進学について決定する」が挙げられています。これらの取り組みの状況に応じて援助を行っていきます。子どもの好きなこと・もの、趣味などの興味・関心、価値観、得意なことなどについての情報を集め、検討し、援助していきます。

④ 健康面

健康面での援助サービスとは、児童生徒の心身の健康の状況についての理解の促進や、

健康問題の解決の援助です。心理・社会的な問題が、身体的な問題として表れることもあります。

(2) 学校心理学の中心的な援助サービス

心理教育的援助サービスの中心的なサービスとして考えられるものとして、「アセスメント、カウンセリング、コンサルテーション、コーディネーション」(石隈　1999)があります。

① アセスメント

アセスメントは、石隈(1999)によると、指導・援助の対象となる子どもが課題に取り組むうえで出会う問題や危機の状況についての情報の収集と分析を通して、心理教育的援助サービスの方針や計画を立てるための資料を提供するプロセスのことです。アセスメントの対象として、援助者自身、子ども、環境があります。

援助者自身をアセスメントを行う意義は、援助者の価値観や考え方がアセスメントのプロセスに影響を与えるからです。援助者についての丁寧なアセスメントが大切です。それから、援助者が子どもの環境の構成要素になっているため、援助者の立場や関係、能力をどう生かすかについてもアセスメントを行う必要があります。

子どもでは、子どもの発達課題と教育課題への取り組み状況を把握することが重要です。そして、子どもが困難を感じている問題状況やそれを解決するための力(自助資源)に注目します。

環境では、学校や地域、家庭が対象となります。子どもの発達課題や教育課題への取り組みにとって、環境がどのように関係しているかに注目します。つまり、子どもの援助ニーズや自助資源と環境をどう結びつけるかということや、子どもの行動にどう役立てられるかということです。

そこでアセスメントにおいて大切な視点が、田上(1999)の提唱する「児童生徒(個人)と環境の折り合い」です。学校心理学ではとくに、①子どもの学習スタイルと教師の教授スタイル、②子どもの行動スタイルと学校や学級で要請される行動などの折り合いに注目します。

子どもが学校・学級や家庭などの環境との折り合いは、①楽しんでいる、②人間関係がある、③課題に取り組んでいるという3点からアセスメントができます(田上　1999)。そして、心理教育的援助サービスは、子どもが環境に折り合う力を伸ばすことを援助する側面と、環境がさまざまな子どもの学習や行動のスタイルに折り合う柔軟性をもつようにする側面をもっています。

アセスメントの主な方法として、子どもの観察、面接・遊戯、心理検査及び子どもの援助者との面接があります。心理教育的援助サービスでは、アセスメントと援助サービスを並行して行うことが重要です。それはアセスメントに修正を加えながら援助サービスをしていくことが有効だからです。

さらに、心理教育的援助サービスを効果的に行うために、「児童生徒を取り巻く援助者がチームを組んで、チームでアセスメントを行い、チームで援助」(石隈・田村　2003)することが効果的です。チームの構成員は、学

級担任、養護教諭、教育相談担当、保護者などが考えられます。

② カウンセリング

学校心理学では、「カウンセリング」を「児童生徒が課題に取り組みながら成長するのを助ける人間と助けられる人間のかかわりを通した援助活動」(石隈 1999)であるととらえます。

したがって、カウンセリングには、授業、保健室での相談、カウンセラーなどによる面接が含まれます。心理教育援助サービスとしてのカウンセリングにおける主たる担い手は、教師とスクールカウンセラーです。

石隈は著書『学校心理学』(1999)で、「3種類の人間関係」というカウンセリングのモデルを提供しています。このモデルは、面接だけでなく授業におけるサポートも含めたカウンセリングのモデルです。

このカウンセリングモデルは、援助者が子どもの理解者としてかかわる(Being-In)、援助者が子どもの味方としてかかわる(Being-For)、援助者が子どもと人間としてかかわる(Being-With)、の3種類の人間関係からカウンセリングを整理しています。

さらにBeing-Forでは、4種類のサポート(情報的サポート、道具的サポート、情緒的サポート、評価的サポート)で整理されています。茨城県教育研修センター教育相談課(2000)の研究チームは、学習意欲を高める授業の在り方について、この4種類のサポートから研究しています(例：山口 2001)。

③ コンサルテーション

コンサルテーションとは、「専門性や役割の異なる援助者同士が児童生徒の問題状況について検討し、今後の援助の在り方について話し合うプロセス(作戦会議)」(石隈 1999)といえます。

教師や保護者は、子どもの問題(不登校、非行、学業不振や学習意欲の低下、いじめなどの人間関係、障害など)をどう援助するか悩んでいます。子どもの問題について、最初は自分で解決しようとしますが、ときには同僚や配偶者に相談し、それでも解決が困難なときコンサルテーションを考えます。

教師や保護者からの援助依頼を受けて、教育相談担当、養護教諭、生徒指導主事、学年主任、あるいはスクールカウンセラーなどがコンサルタントとして、コンサルティ(教師や保護者)が子どもの問題解決を効果的に援助できるように、学校教育やスクールカウンセリングの専門家の立場から働きかけます。

つまり、コンサルタントは教師や保護者を通して間接的に子どもを援助します。複数の援助者(教師、保護者、教育相談担当、スクールカウンセラーなど)でつくる子どもへの「援助チームはコンサルテーションのひとつの形態」(石隈 1999)といえるでしょう。

コンサルタントに求められる能力として、人間関係に基づく問題解決を促進する能力、子どもの問題状況への援助についての知識とスキル、子どもを援助するチーム作り(ネットワーキング)の能力などがあります。

コンサルテーションの留意点として、「実施するタイミングとコンサルティへの心理的配慮」(山口 2000)が挙げられます。

④ コーディネーション

コーディネーションとは、「学校内外の援助資源を調整しながらチームを形成し、援助チームおよびシステムレベルで、援助活動を調整するプロセス」(石隈　1999)です。

具体的には援助チームにおいて、「教育相談担当、養護教諭、生徒指導主事、学年主任などがコーディネーターとして機能します。そして、学校、学年レベルのコーディネーション委員会としては、教育相談部会、生徒指導部会、学校保健部会、学年部会などがあります」(茨城県教育研修センター　2002)。各委員会は、教育相談担当、生徒指導主事、保健主事、各年主任などの援助サービスのリーダーが中心となります。ここで、教師、保護者らが援助している困難な事例について検討し、援助の方針と学校内外の援助資源の活用についてコーディネートを行います。「学校で校内支援委員会を組織し、定期的に会議をもつ」(家近・石隈　2003)のがよいでしょう。

校内支援委員会とは、子どもの状況のアセスメント及び援助の方針については、主としてスクールカウンセラーや教育相談担当、養護教諭がコーディネーション(ソフト面)を行い、学内の援助資源の活用や援助チームの形成・維持(ハード面)のコーディネーションについては、生徒指導主事、学年主任などがリーダーとなることが考えられます(茨城県教育研修センター　2002)。

2．3段階の心理教育的援助サービス

学校心理学における心理教育的援助サービスは、「一次的援助サービス」「二次的援助サービス」「三次的援助サービス」の3段階から成っています(図1参照)。

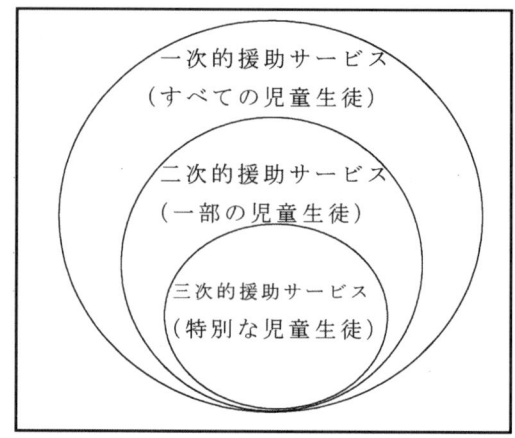

図1　3段階の援助サービスとその対象
(石隈利紀『学校心理学』1999　誠信書房　より)

(1)　一次的援助サービス

一次的援助サービスは、すべての子どもを対象とします。すべての子どもは、課題に取り組む上で何らかの援助を必要としています。一次的援助サービスには、「多くの児童生徒が出会う課題(例：入学時の適応)の困難を予測して前もって行う予防的援助と、児童生徒が課題に取り組む上で必要なスキルの獲得を援助する開発的援助」(石隈　1999)があります。問題の発生を初期の段階で発見することが可能になります。

(2)　二次的援助サービス

二次的援助サービスは、登校を渋る、学習意欲をなくしてきたなどプラスアルファーの配慮を必要とする子どもを対象とします。初期の段階で発見し、その問題が大きくなるのを予防します。初期の段階で発見するために

は、援助者一人ひとりが子どもの態度や表情からＳＯＳの信号をキャッチする目をもつことと、多くの援助者の目からの情報を生かすことです。

一次的援助サービスや二次的援助サービスにおける予防とは、「感染症を完全に予防するようなことではなく、児童生徒が出会う問題に取り組む能力をつけること、その問題を乗り越えながら成長すること、そして問題が児童生徒の発達を妨害するほど重大にならないことを目指す」(石隈　1999)ことです。

(3)　三次的援助サービス

三次的援助サービスは、「特別な重大な援助ニーズをもつ特定の児童生徒」を対象とします。

この場合、スクールカウンセラーや教師が援助チームをつくり、子どもの状況についてより精密な心理教育的アセスメントの実施とそれに基づく個別プログラムの作成を行います。石隈(1999)によると、三次的援助サービスが従来の「特別の学習指導」と異なる点は、たとえば、子どもをより深く理解するために丁寧なアセスメントを実施し、それに基づく援助のため作戦会議を通してカウンセリングやコンサルテーションを「チームで実践する」ことが挙げられます。

ここで、三段階の援助サービスによって、アセスメントでどのような意思決定を目指すかについて留意する必要があります（石隈 1999)。

一次的援助サービスにおけるアセスメントの目的は、子どもにとって開発が必要なスキルや予防すべき問題状況を把握して、年間の教育計画や学校行事の計画に関する意思決定の資料を提供することです。

二次的援助サービスでは「配慮が必要な児童生徒は誰か」そして「その児童生徒の問題状況はどうか。すぐに特別の援助サービスは必要か」（石隈　1999)の問いに答えることです。

三次的援助サービスでは、精緻なアセスメントにより個別の援助計画の作成を目指すことです。

3．援助チームによる指導・援助

(1)　援助チーム

石隈(1999)によると、援助ニーズが大きい子どものためには、子どもの学級担任、保護者、スクールカウンセラーなどがチームとなって援助サービスを行うことが必要です。

援助チームについて中学校の場合を考えてみましょう。

中学校における二次的援助サービスのニーズは極めて高いものがあります。そこで、ケースごとにそのつど特別なチームを編成するよりも、日常活動している学年を母体としてチームを編成する方が実際的でしょう。たとえば、あるケースにおいては、学年職員プラス養護教諭でチームを編成し、別のケースでは学年職員プラス情緒障害学級担当教諭で編成するという具合です。

実践を進めた結果、保護者を交えたチームを編成する必要が生じた場合には、「保護者の心理的負担を考慮して、チームを少人数（4〜5人程度)に絞った」（石隈・田村　2003)ほ

うがよいでしょう。

(2) 援助チームにおける相互コンサルテーション

石隈(1999)によると、相互コンサルテーションの場を設定し情報収集や援助案を検討する段階では、ひな形となるべき援助チームシートや援助資源チェックシートを作成し、その項目を埋める形で会議を進行することが有効です。

学年や学級で最近気になっている子どもについて、援助チームでアセスメントし、問題が子どもの発達を妨害するほど重大にならないよう、そして子どもが自らの発達課題を達成しながら成長していけるよう指導・援助していくことが大切です。教師を含めた援助チームで相互コンサルテーションを行うことにより、教師のアセスメントや指導・援助の能力が向上します。

(3) チーム援助

チーム援助を行う際のポイントについてまとめます。

① 対象の子どもの発見

対象の子どもの発見の方法は、大きく3種類に分けられます。一つ目は、転入等の環境の変化から問題発生を予見しての発見、二つ目は、問題を感じた教師の意見による発見、三つ目は、ＳＯＳチェックリスト(表1)を活用しての発見です(活用については82頁参照)。

「問題発生を予見しての発見」には、教師の経験や知識と、子どもの心理的状況を理解しようとする教師の姿勢が必要です。また「問題を感じた教師の意見による発見」には、鋭い観察力をもった教師の存在が必要です。いずれも、教師の姿勢や力量が重要なわけですが、それをカバーするのが、三つ目のＳＯＳチェックリストの活用です。

前述したとおり、ＳＯＳチェックリストの活用には、問題の早期発見と教師の観察力育成という二つの効果があります。

② 援助チームシート・援助資源チェックシートの活用

二つのシートの活用に際しては、あらかじめコーディネーターがある程度の内容を記入して話し合いに臨む場合と、全く白紙の状態で話し合いに臨む場合があります。

いずれにしても、参加者の意見を反映するためのシートですので、最初からきれいに清書したように記入しようと思わずに、鉛筆書きなどで加除訂正しながら話し合いを進めてください。あくまでも話し合いの材料としての使い方が現実的でしょう。

内容的には、援助チームシートでは自助資源の確認・発見が大きなポイントです。自助資源(子どもの長所)を生かす方向での援助の在り方を探ることにより、これまでありがちだった問題の解消にとらわれすぎた援助を脱却することができます。今後さらに自助資源を生かす援助を推し進めるためには、「自助資源チェックシート」の活用が有効でしょう。

援助資源チェックシートでは、友人や両親などの学校外の人的援助資源の発見が効果的にできます。子どもの多くが「相談する相手」として友人や保護者を選択してい

表1　茨城式　ＳＯＳチェックリスト〔名簿形式〕　　　　　　　　　　　Ver.1 (2001)

〇年〇組　　　　　　　　　　　　　　　　　　　　　調査年月日：　平成〇年〇月〇日

No.	氏名	学習面					心理・社会面					進路面				健康面				全般			合計
	チェック項目	勉強への取り組みの変化	テスト成績の急激な降下	授業中投げやりな態度	授業中ぼんやり	授業中眠ることの増加	自分への否定的イメージ	学校での暗い表情	イライラすることの増加	学級内での孤立	家族との関係の変化	教師に対する態度の変化	服装や言葉遣いの変化	関心がもてる対象の減少	得意なことの減少	決心がつきにくい	進学についての態度変化	食事の様子の変化	けがや病気	頭痛や腹痛	眠そうな顔	遅刻・早退	理由の不明確な欠席	事件の発生	
1	〇〇　〇〇																								
2	〇〇　〇〇																								
3	〇〇　〇〇																								
4	〇〇　〇〇																								
5	〇〇　〇〇																								
6	〇〇　〇〇																								
7	〇〇　〇〇																								
8	〇〇　〇〇																								
9	〇〇　〇〇																								
10	〇〇　〇〇																								
11	〇〇　〇〇																								
12	〇〇　〇〇																								
13	〇〇　〇〇																								
14	〇〇　〇〇																								
15	〇〇　〇〇																								
16	〇〇　〇〇																								
17	〇〇　〇〇																								
18	〇〇　〇〇																								
19	〇〇　〇〇																								
20	〇〇　〇〇																								
21	〇〇　〇〇																								
22	〇〇　〇〇																								
23	〇〇　〇〇																								
24	〇〇　〇〇																								
25	〇〇　〇〇																								
26	〇〇　〇〇																								
27	〇〇　〇〇																								
28	〇〇　〇〇																								
29	〇〇　〇〇																								
30	〇〇　〇〇																								
31	〇〇　〇〇																								
32	〇〇　〇〇																								
33	〇〇　〇〇																								
34	〇〇　〇〇																								
35	〇〇　〇〇																								
36	〇〇　〇〇																								
37																									
38																									
39																									
40																									

参照：石隈利紀『学校心理学』1999　誠信書房　『茨城県教育研修センター教育相談課研究報告書』2002

ますので、本人が望む相談相手を有効活用したいものです。

③　援助の方法

実際の援助では以下のような方法が考えられます（茨城県教育研修センター　2002）。

個別の学習支援、Ｔ・Ｔの活用、個別のカウンセリング、ピア・カウンセリング、コンサルテーション、絵画療法、学校行事、話し合い活動、ジグソー学習、構成的グループ・エンカウンター、集団遊び、保護者との面接、メール相談、家庭との連携、専門機関との連携など

上記のような方法と同様に効果を発揮するのが、日常の教師による声掛けなどです。その意味においてもプラスアルファーの援助サービスが必要なのではないかと教師が意識することがとても大切です。

④　援助チーム立ち上げとコーディネーター

校種や学校規模による差異について最も顕著に差異が認められるのは、援助チーム立ち上げの場面です。

学級数が10前後の小学校の場合、学校全体を見渡した援助チーム編成が可能なため、コーディネーターも学校全体を見渡せる立場の者、たとえば生徒指導主事などが望ましいでしょう。

学級数が20前後になる中学校の場合では、学校全体よりは、学年単位での取り組みの方が実用的でしょう。すなわち、コーディネーターとしては、学年主任などが理想的でしょう。

高等学校の場合、教師の専門性がいっそう強くなり、学年単位というよりも、一人ひとりの教師がそれぞれの立場で個別に活動することが多くなりますので、援助チーム編成も、学校全体や学年などの既存の組織に頼るのではなく、個人的な教師のかかわり合いを基に少人数のチームを作るほうが現実的でしょう。

ただそうなると難しいのはコーディネーターです。多くの教師と個人的な関係が結べる能力が必要になるわけで、実際には、ソフト面を担う養護教諭などと、ハード面を担う生徒指導主事、学年主任などが協力し合って、チームを立ち上げるなども一案ではないでしょうか。

⑤　まとめとして

援助チーム立ち上げの場面でみられるように、校種や学校規模をはじめとするさまざまな条件の違いによって、援助チームの形も変わってきます。言い換えるならば「これが絶対」というような一つの形に限定することはできません。

ではどうしたらよいか。まずは援助チームを立ち上げてみることです。とりあえずチームを立ち上げ、相互コンサルテーション（チーム会議）で意見交換をしながら細かな修正を加え、各校の実情に合わせたチームを作っていきます。

最初からベストの援助は期待できないかもしれませんが、少なくとも、複数のメンバーが一生懸命その子のために話し合ったことは、何もしないことに比べてマイナスのはずはありません。二度三度と相互コン

サルテーションを重ねることにより、きっと、より実態に即したチームに成長していくでしょう。そして、一つのシステムの完成は、次にチーム援助の必要性が生じた際、必ず生かされることでしょう。

　一人ひとりの子どものために、まずは、勇気をもってチームを立ち上げてみてください。

4．チーム援助からネットワークへ

　プラスアルファの援助ニーズのある子ども（二次的援助サービスの対象）や特別な援助ニーズのある子ども（三次的援助サービス）に対しては、担任一人が抱え込むのではなく、保護者や養護教諭などとチームを組んで援助することが望ましいことはすでに触れました。

　しかし、学校内や保護者だけでは対応が困難なケースでは、関係機関との連携が必要となってきます。そこでは地域援助資源のネットワークを生かした援助サービスが大切です。

(1)　関係機関との連携の必要性

　学校で生起する問題行動は多岐にわたっており、必ずしもすべてが学校や保護者の力だけで解決できるとは限りません。むしろ早期に「関係機関や専門職員と連携」（文部省　1990）を図ることによって、問題が複雑化せず解決の道を見いだせます。

　平成13年に公表された「少年の問題行動等に関する調査研究協力者会議報告」（文部科学省）や平成15年に公表された「不登校への対応について」（文部科学省）においても、単なる「情報連携」にとどまらず、学校と関係機関との実効ある「行動連携」が重要であることを訴えています。

　また、『生徒指導の手引き（改訂版）』（文部省　1981）では、他機関との連携の必要性について、以下の①～③のような趣旨が述べられています。

①　対象としての限界

　以下のような事例の場合は、学外の関係機関との連携が必須です。

　第一は、身体的な問題です。特に脳神経異常、内分泌機能異常などの器質的な原因に基づく問題です。それらの場合は、面接を続けたりすれば、かえって問題を悪化させます。

　第二に、特別支援教育の対象となる子どもの問題です。視覚障害、聴覚障害、知的障害、などの子どもは、盲・ろう、養護学校と連携する必要があります。また、LD・ADHD・高機能自閉症などの場合も、養護学校や教育委員会と連携することにより、よりよい援助サービスを提供することができます。

　第三に、生活保護その他の公的な扶助が必要な場合には福祉事務所へ、児童福祉関係の施設に入所させる必要があれば児童相談所（最近は、特に虐待を中心に扱っている）へというように、専門機関等との連携が検討されるべきでしょう。

②　方法の限界

　学校における援助サービスは、主として教師によって行われます。教師は、教師の職務においては専門的な知識や技能を持っていますが、医学や心理治療の専門家ではありませ

ん。したがって、学校での限界があるはずです。

③ 問題の程度による限界

一般的に学校における援助サービスでは、学校教育として対応できないような程度の重い問題は、できる限り専門機関との協力によって対応すべきです。

(2) 関係機関との連携の留意点

『学校における教育相談の考え方・進め方―中学校・高等学校編―』(文部省 1990)には、関係機関との連携の留意点として、以下の①～③の3点が挙げられています。

①関係機関についての情報を収集し、その特徴や利用法について十分な理解をもつこと

教育相談に関連する機関として、どのような機関があるのかなどの理解を深めておくことが大切です。また、これらの機関については、最新の情報を整理・保管して、常に最新のものを利用できるようにしておく必要があります。

②事前に関係機関と連絡をとり、その意見を踏まえて保護者によく内容を説明しながら援助サービスを進めること

教育相談所や児童相談所、病院の精神科・神経科・心療内科などとの連携を進める必要のある事例については、事前に専門機関と連絡を取って、具体的にどの機関を利用するのがよいかについて専門機関の意見を聞き、その意見を踏まえながら保護者との相談を進めていく必要があります。

また、学校は専門機関にお願いした後もすべて任せてしまうのではなく、学校としての役割をはっきりさせ、連携体制を作っておく必要があります。この際、やはり「コーディネートする人」(石隈・田村 2003)が必要でしょう。

③学校としてできること、できないことをはっきりさせておくこと

学校は、学級担任を中心として全体としての指導体制(チーム)をしっかりとつくり、いつでも子どもの実態に応じて、専門機関と連携しながらきめ細かな援助サービスをしていく必要があります。

その際、学校としてできること、できないことをしっかりと検討することが大切です。援助サービスにおいては、特に医学をはじめ専門的な見地から判断を必要とする場合もありますので、このことが十分検討される必要があると言えるでしょう。

(3) 地域の援助資源マップ

学校が連携を図る可能性のある機関は、たとえば次のようなものがあります(表2参照)。

表2　校外のネットワーク

＜おもな公的機関＞

相談機関	相談の内容等
都道府県や市町村の教育研究所・教育相談所	教育相談所は、教育委員会が管轄している施設である。多くの場合、教育センターなどにおける一事業として、教育相談事業を進めている。 　教育相談の研修にも携わり、また、学校と有機的に連携しやすい立場にあるなどの特徴を持っている。 　不登校、いじめ、非行、障害など、子どもの教育に関連するさまざま問題に関して、子ども、保護者、学校を援助する。電話相談、来所相談を中心に進めている。
児童相談所	児童相談所は、児童福祉法により設置されている。14歳未満の触法少年と、18歳未満の要養護児童、情緒障害児、心身障害児など、福祉上の援助を要する児童について、保護者・教師・警察官などの通告や相談に基づき、児童及びその家庭に必要な調査、並びに医学的、心理学的、教育学的、社会学的及び精神保健上の判定行い、必要な指導を行う機関である。 　具体的には、児童福祉士、心理判定員、医師などが児童虐待、不登校、いじめ、非行、障害など、児童に関するさまざまな問題に関して、相談面接、一時保護、児童福祉施設への入所指導などの援助をしている。
家庭児童相談室	家庭児童相談室は福祉事務所に設けられ、社会福祉主事、家庭相談員が、専門的な相談と指導に当たっている。子ども(18歳未満)の養育に関する悩みごと及び子どもにかかわる家庭内の人間関係等の問題の相談をしている。 　特に、子どもに生じている問題が、家庭内に起因する場合に、家庭に対しても指導を行う。保護者はもちろん、子どもの関係者、子ども本人も相談できる。
少年鑑別所	少年鑑別所は、少年非行の科学的な鑑別を行う法務省所管の施設である。家庭裁判所や少年院、保護観察所等と協力して彼らの更正を目指して活動している。 　そこには、非行問題に精通した心理学や精神医学、教育学の専門家が配置されており、心理検査やカウンセリングを行っている。学校の教師や保護者からの相談を受け、また、継続指導も行っている。
少年サポートセンター 　　　　　　（警察署） 警察署少年安全課	全国の警察では、少年サポートセンターや警察署少年安全課、交番で青少年の非行・いじめ等に関する悩み、犯罪・虐待等の被害者の悩みなどに関する援助を行っている。 　少年サポートセンターは、少年やその家庭などへの援助を充実するため、少年相談専門職員や少年補導職員等が指導に当たり、少年相談や不良行為少年の補導、被害少年の保護といった活動を行っている。
人権相談所 　　　　（法務局）	いじめなどあらゆる人権問題に関する相談にのる。 　法務局職員や人権擁護委員が相談に応じている。

都道府県精神保健福祉センター	精神保健福祉全般に関わる相談を実施している。具体的には、ひきこもり、薬物依存、精神障害などの相談を行う。電話相談、来所相談などで対応している。 　この相談には、精神科医、精神保健福祉士、臨床心理技術者、保健士などの専門職員が当たっている。
保健センター	保健センターは、市町村の保健施設で、住民の健康問題に関するサービスを提供している。子育てに関する悩み相談もその一つである。 　子どもの発育・発達の心配や育児上の悩みなどの相談に応じてくれる。保健士が対応している。
福祉事務所	社会福祉の総合的な行政機関である。 　経済的に生活が困難な人、一人親家庭、高齢者、身体障害者、知的障害者の方たちへの援護、育成や更正の仕事をしている。施設入所や在宅生活が行えるよう処置援助の仕事も担当する。
少年補導センター	地方自治体が設置する非行防止と健全育成を図るための施設である。 　少年補導関係機関の職員などによる街頭補導や臨床心理技術者や相談専門員による相談も実施している。
適応指導教室	不登校の小学生・中学生を対象とした適応指導教室は、地方自治体の教育委員会により設置されている。 　子どもの学習面、心理・社会面、進路面、健康面における援助サービスが期待される。 　教育委員会所属の相談員が対応している。学校と連携しながら、学校復帰を援助している。
子どもホットライン	子どもホットラインは、子どもたちの不安や悩み、不満等を電話で相談を受け、子どもたちをサポートしていく機関である。 　24時間体制で進めている機関が多い。都道府県の教育委員会が運営している場合が多い。 　カウンセリングに関する有資格者、電話相談の経験者等が相談員として対応している。

＜おもな医療機関＞

相談機関	相談の内容等
思春期外来／精神科	思春期に起こりがちな心身の問題や、精神疾患の可能性のある異常な行動や引きこもりなど、教育関係者だけでは対応が困難な問題について治療や相談を行う。
心療内科	ストレスなど心理的な要因によって身体に症状が出ているとされる「心身症」などに関して、心身に対する治療や相談を行う。

【上記の表２は下記の３冊を参考にしてまとめました】
１．石隈利紀・田村節子　2003『石隈・田村式援助シートによるチーム援助入門』図書文化
２．文部省　1991『小学校における教育相談の進め方』大蔵省印刷局
３．小林正幸・嶋﨑政男編　2000『子どもの相談機関利用ガイド』ぎょうせい

第Ⅱ章
小学校における実践

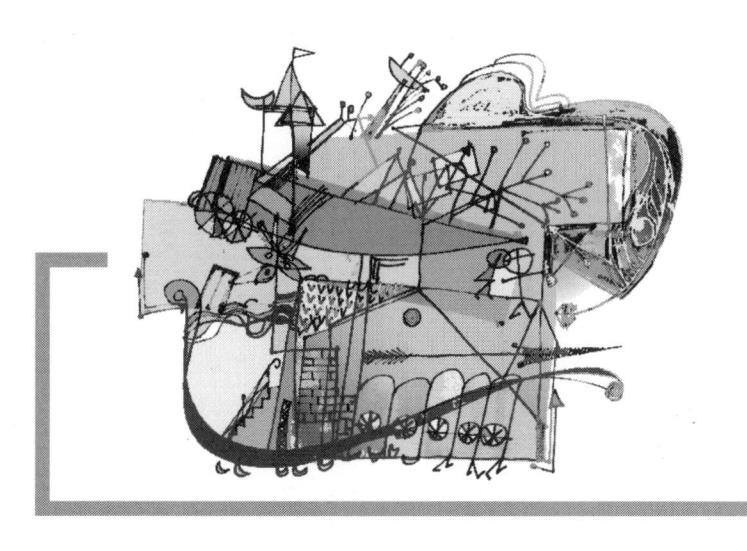

5 校内支援委員会によるチーム援助

学年主任

1. ハルオくんの学校での様子

　3年生のハルオくんは姉2人の3人きょうだいの末っ子。友達とうまくかかわることができず、教室では、朝の会の時、「日直当番の司会だよ」と友達が声をかけただけで、「うるせーな、バーカ」などと、ちょっとした言動につっかかって暴言を吐き、手が出ることもあり、トラブルが絶えませんでした。また、テストができないと、テスト用紙をビリビリに破ったり、机をバンバンたたいたりすることがありました。図工の作品が思うようにできず、机を倒すこともあり、クラスの子どもたちはハルオくんに対して、だんだん腫れ物にさわるような扱いになっていきました。授業中、頭痛を訴えて保健室に行くことがあり、母親が迎えに来て早退することもありました。

　2学期になると、頭痛が理由での欠席も増えてきました。3年生になって、リコーダーの演奏が始まり、ハルオくんはリコーダーが好きで熱心に練習し、上手に演奏していました。しかし、音楽のある日に欠席したので、新しい曲の練習がみんなに遅れてしまいました。全体練習の時、みんなと合わせられなくて苛立ち、リコーダーで机をたたきました。音楽の先生に注意されて、ますますひどくたたき出し、リコーダーを取り上げられ、机をひっくり返して、教室の外に飛び出したこともありました。

　音楽の授業は専科担任が担当していました。学級担任のM先生は新任2年目の女性で、クラスの子どもたちにやさしく一人ひとりに、ていねいにかかわる先生でした。学年2クラスなので、遠足や運動会の練習など、2クラス一緒の学年行事のときは、ハルオくんに特に目立つような言動はありませんでした。

2. チームに参加した私の立場と他の先生について

　本校には、指導上気になる子どもの情報交換や校内全体としての指導の共通理解を図るために「校内支援委員会」があり、月1回の定例会がありました。緊急対応の場合は、必要に応じて委員長召集で委員会がもたれます。

　私は校内支援委員会の委員でした。校内支援委員会のメンバーは、5年担任の委員長も含め、**各学年から1名**と**養護教諭、教頭**の8名で構成していました。

　私はハルオくんの学級担任のM先生と同学年で、学年2クラスなので学年主任でもあり

ました。M先生の相談を受けたり、アドバイスしたりしながら一緒に協働し、学年経営をしていました。私はハルオくんの姉を昨年担任し、中学1年の一番上の姉とはクラブ活動が一緒でしたので、姉たちもよく知っていました。面談や家庭訪問もしたことがあり、母親との面識もありました

3．援助チームをつくるきっかけ

音楽の先生から「担任の先生にも相談したけれど、ハルオくんの指導に困っている」と学年主任の私に相談がありました。また音楽の先生はハルオくんにかかわることが多く、クラスの雰囲気も投げやりな感じになり、クラス全体で合奏を作り上げようという意欲が低下し、他の子にも影響があるということでした。

M先生から、ハルオくんの教室での様子やクラスの他の子どもたちの様子を聞いて、学年だけでなく、学校全体としてのハルオくんに対する個別のかかわりの必要性を感じていました。

私から教頭に、M先生のクラスの状況を報告しました。

M先生は、クラスの子どもに対するハルオくんの暴言やトラブルを連絡帳や電話でハルオくんの家庭に知らせて、家庭の協力を得ようとしましたが、ますますエスカレートしたようです。クラスをまとめることに苦労していたM先生は、体調をくずして2日間休みました。その間、教頭、教務、校長も分担してクラスの指導に当たりました。

ハルオくんのためだけではなく、クラスの子どもたち、M先生のためにも、緊急に学校全体でハルオくんに対する指導の共通理解と協力の必要性を感じ、「緊急校内支援委員会」を招集してもらうように委員長にお願いしました。この「緊急校内支援委員会」と「担当者支援委員会」がチーム援助の機能をはたすことになりました。

4．チーム援助の経過

①緊急校内支援委員会
②担任と養護教諭情報交換
③担任と母親面談
④養護教諭と母親面談（早退迎え時5分程度）
⑤養護教諭、M先生、母親、3学年学年主任（私）との情報交換
⑥担当者支援委員会（コア援助チーム）

「緊急校内支援委員会」にはM先生にも参加してもらい、他のメンバーがハルオくんについて共通理解をするために資料として「援助チームシート」を提出してもらいました（9月26日第1回）。

「緊急校内支援委員会」で、学校としての共通理解のもとにハルオくんの指導に当たることが了解され、具体的な指導について当事者で話し合いをもつことになり、当事者の人選は委員長に一任されました。朝の職員打ち合わせで、「緊急校内支援委員会」の内容が報告され、委員長と私で相談して「担当者支援委員会」のメンバーを決めました（9月28日の援助資源チェックシート参照）。

メンバーはM先生、音楽専科担任、養護教諭、委員長、教務主任、校長、3学年学年主任(私)の7名でした。司会、コーディネーター役は委員長が勤めました。校長の出席は、養護教諭から、「専門機関につなげる必要があるかもしれない」という意見が出されたので、管理職の判断を仰ぐためでした。

保護者に参加してもらうことは難しかったので、「担当者支援委員会」の前にM先生、養護教諭、母親、私の4名だけで話し合いをもちました。この時は私がコーディネーター役をしました。

母親は、姉を通してハルオくんの学校での様子を知っており、他の親から苦情の電話があったり、家でも姉に対する暴力があったり、ハルオくんへのかかわりに苦労しているようでした。母親から、ハルオくんは釣りが好きなことや、姉二人が強く支配的なことなどの話がありました。家では、父親とのかかわりを多くもつことや、姉と比較しないようにすることを心がけたいと話していました。

学校全体でハルオくんの指導について話し合いをもつので、お母さんの今日の話がとても参考になることを伝えました。母親は、「自分の手に余るようになってきているので、学校の対応がとてもありがたい」と話していました。

「担当者支援委員会」で
①教室をとびだしたら職員室にインターホーンで知らせ、教務主任が指導に当たる。
②保護者の相談やフォローは、養護教諭がする。
③M先生はハルオくんの良い所を認めるようにし、失敗が鮮明になるようなことを避けるようにする。
④音楽は、学年合同合唱、合奏として練習をすることにして、専科担任、M先生、私の3人で指導に当たる。
⑤ハルオくんには担任以外の先生も指導することを説明し、いつ、どのような状況の時なのか納得してもらう。
⑥専門機関に相談することを保護者に折を見て勧める。

などの話し合いがされました(10月3日の援助チームシート参照)。この話し合いの後で母親がハルオくんを迎えに来た時、養護教諭が、迎えに来た母親に「熱がなく頭痛があるのは精神的なものかもしれないので、一度専門機関に相談したほうがよいかもしれません。何もなければ安心だから」と話しました。

5．その後のハルオくん

父親が日曜日にハルオくんの好きな釣りに連れて行くようになり、友達に対する暴言がずいぶん減りました。授業中に教室を飛び出すと教務主任や教頭先生が話を聞いてくれるので、落ち着いて教室にもどってこられるようになりました。

クラスは、M先生がハルオくんに振り回されなくなり、ハルオくんをうまく受け入れてまとまりのある落ち着きをとりもどしました。ハルオくんは専門機関にも通うようになり、M先生は専門機関の担当者と話し合いを持ちました。いつも友達に対して挑戦的な言動であったのが、少しずつ穏やかになりました。

不登校気味はすぐには解消せず、欠席や遅刻を繰り返しました。

6．連携を振り返っての考察

　教師経験の浅いM先生は、体調をくずして学校を休んだ時、自分は教師に向いてないのかもしれないと悩み、ハルオくんにどう接してよいのかと途方にくれたそうです。M先生から、「時々ハプニングがあるのでどうしたらよいか困っている」という話は聞いていましたが、それほど悩んでいるとは感じられませんでした。

　「緊急校内支援委員会」で話を聞いてもらって、委員長の先生が、「こんな子が自分のクラスにいたら、私だったら学級崩壊を起こすかもしれない。みんなで対応を考えましょう」と言ってもらえて涙が出そうになり、気持ちがとても楽になったそうです。問題に直面した時すぐに「校内支援委員会」が開かれることが大事だと思いました。

　ひとりで抱え込まないでと言いますが、小学校は担任ひとりに任されることが多いと思います。学年会も強力な援助チームですが、「校内支援委員会」のような学校全体で相談ができて指導に当たれるシステムがあれば、チーム援助は始められると思います。まず、養護教諭と担任、養護教諭と保護者、保護者と担任など2人の援助チームから、「コア援助チーム」「拡大援助チーム」へと進めていくことが大事だと思います。

田村・石隈式 (1997-2003) 【援助資源チェックシート】

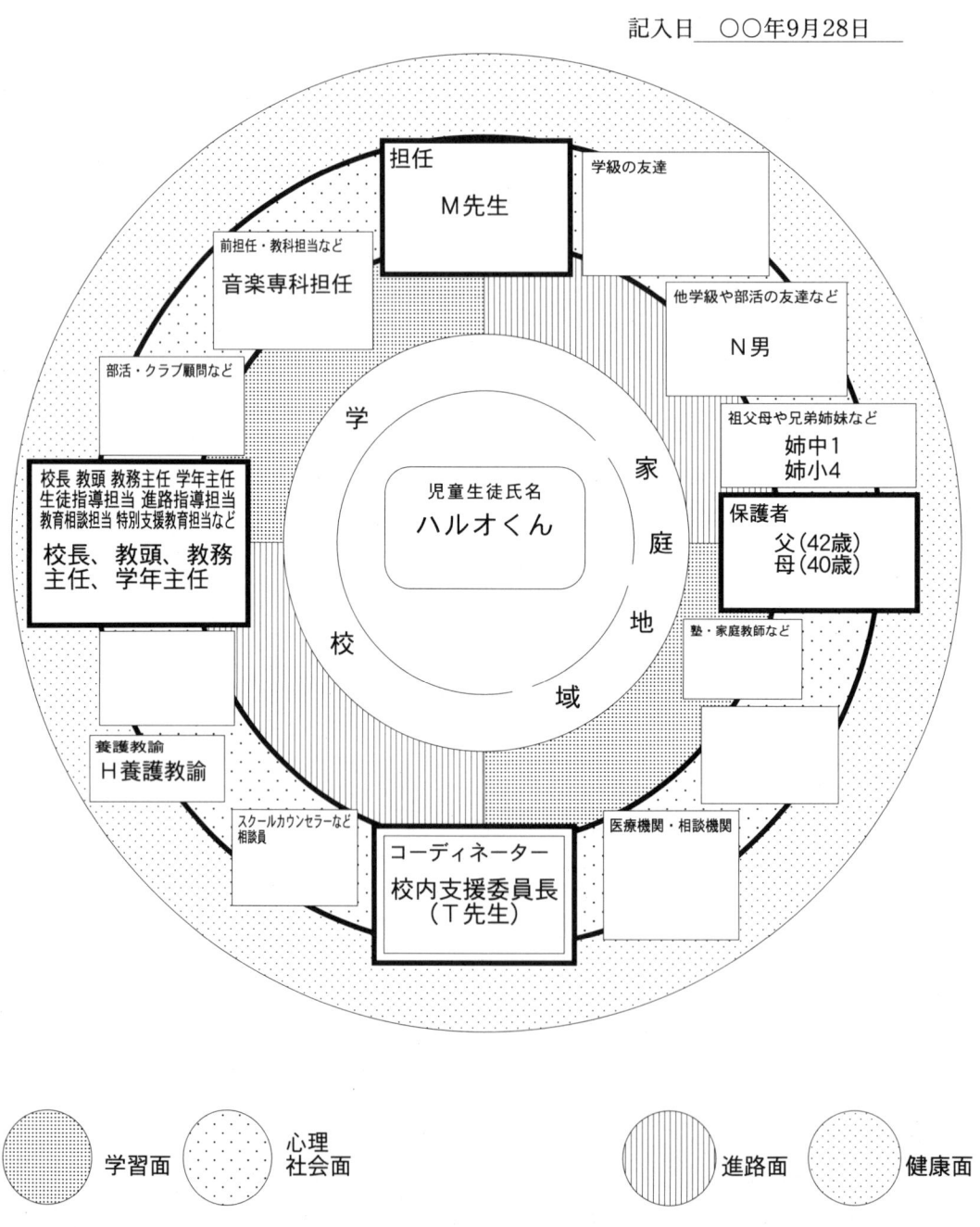

記入日　〇〇年9月28日

中央： 児童生徒氏名　ハルオくん

領域：学校／家庭／地域

学校側の資源：
- 担任　M先生（学級の友達）
- 前担任・教科担当など：音楽専科担任
- 部活・クラブ顧問など
- 校長 教頭 教務主任 学年主任 生徒指導担当 進路指導担当 教育相談担当 特別支援教育担当など：校長、教頭、教務主任、学年主任
- 養護教諭：H養護教諭
- スクールカウンセラーなど相談員
- コーディネーター：校内支援委員長（T先生）

家庭・地域側の資源：
- 他学級や部活の友達など：N男
- 祖父母や兄弟姉妹など：姉中1　姉小4
- 保護者：父（42歳）　母（40歳）
- 塾・家庭教師など
- 医療機関・相談機関

凡例： 学習面　心理社会面　進路面　健康面

参照：石隈利紀・田村節子著『石隈・田村式援助シートによるチーム援助入門—学校心理学・実践編—』図書文化
石隈利紀著『学校心理学—教師・スクールカウンセラー・保護者のチームによる心理教育的援助サービス—』誠信書房
©Ishikuma & Tamura 1997-2003

【石隈・田村式援助チームシート 自由版】　実施日　：　〇〇年9月26日（　）　　　　第1回
　　　　　　　　　　　　　　　　　　　次回予定：　未定　　　　　　　　　　　　　　　　第2回
　　　　　　　　　　　　　　　　　　　出席者名：　M、W、S、K、N、Y、T先生、養護教諭、教頭

苦戦していること（友達とのかかわりがうまくいかない。不登校気味　　　　　　　　　　　　　　　）

児童生徒氏名 年　組　番 ハルオくん 担任氏名 M先生		学習面 (学習状況) (学習スタイル) (学力) など	心理・社会面 (情緒面) (ストレス対処スタイル) (人間関係) など	進路面 (得意なことや趣味) (将来の夢や計画) (進路希望) など	健康面 (健康状況) (身体面での訴え) など
情報のまとめ	（A） いいところ 子どもの自助資源	・絵や図工が得意 ・音読は得意 ・時間がかかってもていねいに最後までやり通す	・低学年の子にやさしい ・感受性が豊か ・気に入った手伝いは最後までよくやる	・字がていねい ・習字が好き ・リコーダーが好き	・健康 ・外遊びが好き
	（B） 気になるところ 援助が必要なところ	・自分の不得意なことに取り組もうとしない ・できないことを極端に嫌う ・テストのでき具合を気にする	・友達のちょっとした言動が気になる ・暴言・暴力がある	なし	・気分に左右されやすい ・いやなことがあると、頭痛がする
	（C） してみたこと 今まで行った、あるいは，今行っている援助とその結果	・時間内にできない時は、宿題や放課後にやってよいことにし時間をきらない	・担任はハルオくんの気にさわるような言動に気をつけた	なし	・体調不良を訴えたらすぐに保健室に行かせる
援助方針	（D） この時点での 目標と援助方針	・ハルオくんの情緒の安定を第一に考える ・学習面の苦手意識を少なくする			
援助案	（E） これからの援助 で何を行うか				
	（F） 誰が行うか				
	（G） いつから いつまで行うか				

参照：　石隈利紀著『学校心理学―教師・スクールカウンセラー・保護者のチームによる心理教育的援助サービス―』誠信書房 © Ishikuma & Tamura 1997-2003
　　　　石隈利紀・田村節子著『石隈・田村式援助シートによるチーム援助入門―学校心理学・実践編―』図書文化

【石隈・田村式援助チームシート 自由版】　実施日：○○年10月3日（ ）　　　第2回
次回予定：未定　　　　　　　　　第3回
出席者名：M、W、T先生、音楽担任、養護教諭、教務主任、校長

苦戦していること（友達とのかかわりがうまくいかない。不登校気味　　　　　　　　　　　　　　　　　　）

児童生徒氏名 年組番 ハルオくん 担任氏名 M先生		学習面 (学習状況) (学習スタイル) (学力) など	心理・社会面 (情緒面) (ストレス対処スタイル) (人間関係) など	進路面 (得意なことや趣味) (将来の夢や計画) (進路希望) など	健康面 (健康状況) (身体面での訴え) など
情報のまとめ	(A) いいところ 子どもの自助資源	・絵や図工が得意 ・音読が得意 ・時間がかかってもていねいに最後までやり通す	・低学年の子にやさしい ・感受性が豊か ・気に入った手伝いは最後までよくやる	・字がていねい ・習字が好き ・リコーダーが好き	・健康 ・外遊びが好き
	(B) 気になるところ 援助が必要なところ	・自分の不得意なことに取り組もうとしない ・できないことを極端に嫌う ・テストのでき具合を気にする	・友達のちょっとした言動が気になる ・暴言・暴力がある	なし	・気分に左右されやすい ・いやなことがあると、頭痛がする
	(C) してみたこと 今まで行った，あるいは，今行っている援助とその結果	・時間内にできない時は、宿題や放課後にやってよいことにし時間をきらない	・担任はハルオくんの気にさわるような言動に気をつけた	なし	・体調不良を訴えたらすぐに保健室に行かせる
援助方針	(D) この時点での 目標と援助方針	・ハルオくんの情緒の安定を第一に考える ・学習面の苦手意識を少なくする			
援助案	(E) これからの援助 で何を行うか	・休んだときは、プリントを届け、家庭学習を母親に援助してもらう ・集会やお楽しみ会のプログラム作りや、ポスターをまかせる ・好きなことや自信のあることをほめる ・音楽の授業は、学年担任2名も入りT・Tの指導をする	・友達とのつきあい方をアドバイスする ・したくないときなど本人の気持ちを聞く ・暴力をしないように気持ちを言語化できるようにかかわる ・教室を出たら、他の教師がかかわる ・姉と比較したしかり方をしない	・父親とのかかわりを多くする ・漫画、釣りなど趣味や好きなことの話しを関心を持って聞く	・これまでのように保健室での休息をみとめる ・児童相談所や、教育センターなどで、アセスメントを受ける機会を勧める
	(F) 誰が行うか	・担任 ・母親 ・学年主任 ・音楽専科担任	・担任 ・母親 ・学年主任 ・音楽専科担任	・父親 ・担任 ・学年主任	・担任 ・保護者 ・養護教諭
	(G) いつから いつまで行うか	・今学期中	・今学期中	・今学期中	・今学期中

参照：石隈利紀著『学校心理学―教師・スクールカウンセラー・保護者のチームによる心理教育的援助サービス―』誠信書房 ©Ishikuma & Tamura 1997-2003
　　　石隈利紀・田村節子著『石隈・田村式援助シートによるチーム援助入門―学校心理学・実践編―』図書文化

6 ADHDとLDを併せもつ子どもとのかかわり

特別支援学級担任

1．ハルコさんの学校での様子

　ハルコさんは、現在、特別支援学級に在籍している小学2年生の女子です。小学校就学前の教育相談で知的な発達の遅れが疑われ、市教育センターの教育相談を受けた後、県内の医療機関で受診し、ＡＤＨＤ（注意欠陥／多動性障害）の診断を受け、さらにＬＤ（学習障害）の疑いを指摘されました。

　1年生の間は、家庭の意向もあって通常の学級で過ごしましたが、ハルコさんは多動性・衝動性優位型のＡＤＨＤであるため、授業中は常に動き回り、周りの状況に関係なくしゃべり続けました。自分の興味関心の向くことにすぐに動き出してしまうため、教室から出てしまうこともしばしばでした。

　このようなことから、1日に朝昼2回のリタリンの服用が始まりました。服薬により多動はかなり治まったものの、友達との関係ではトラブルが多く見られました。

　遊びのルールを守ることができない、順番を待たない、注意されると大声で泣いたりふてくされてしまうなどの行動があるため、周囲の児童もどうかかわったらよいのか分からず、なかなかよい人間関係が築けないでいました。また、国語や算数の教科学習では、しだいに遅れが目立つようになりました。そこで、2年生となった時に特別支援学級に入級し、特別な教育支援を受けることになりました。

2．援助チームを立ち上げる
　― 個別の指導計画の作成から教育課程の編成まで ―

(1) チーム援助の必要性

　ハルコさんの教育課程は、「校内就学指導委員会」により、特別支援学級（特別支援）における個別指導（ことば、かずを中心とした教科的学習、プレイセラピー（遊戯療法）、作業療法、ソーシャルスキル・トレーニング（社会的に望ましい行動を獲得していく訓練）と集団適応を図るための通常の学級における集団指導（他の教科、例として音楽や体育、特別活動、行事等）を組み合わせた形態を採ることになりました。また、重点を置き指導していくことは、指導要領に示された自立活動の中の「心理的な安定」と「コミュニケーション」に関する指導、特に対人コミュニケーションに関する指導となりました。

　ＡＤＨＤ及びＬＤで集団不適応傾向があるハルコさんの指導にあたっては、特別支援学級での個別・小集団指導と並行して、通常の

学級での集団適応の力をつけていく学習活動を位置づけることが不可欠であるということが、特別支援学級担任と通常学級担任の共通の思いでした。

この「ハルコさんに集団適応の力をつけてほしい」という願いを具現化していくためには、特別支援学級担任と通常学級担任だけでなく、ハルコさんの援助資源となりうる人たちでチームを立ち上げることが必要であると考え、チームの立ち上げの作業に入りました。

(2) 援助チームの構成

援助チームの構成メンバーは、特別支援学級担任（情緒障害）と通常学級担任、保護者、そして、もう一つ校内に設置されている特別支援学級担任（知的障害）にも参加してもらうようにしました。また、コーディネーター役は、校内の教育相談係と就学指導係を兼務している特別支援学級担任（情緒障害）があたりました（52頁の援助資源チェックシート参照）。

援助チームの構成メンバーは、まず、情報交換とハルコさんの現状を共通理解するためのミーティング（作戦会議）をもちました（53頁の第1回目の援助チームシート参照）。

このミーティングの前から、通常学級担任と校内の教育相談係を兼ねる特別支援学級担任（情緒障害）が、保護者に対して校内で教育相談を行ったり、家庭訪問を一緒に行ったりしてきていたため、保護者もスムーズにこのミーティングに参加できました。

学校でのハルコさんの姿を伝えながら、保護者の願いをしっかりと受け止めるような連携ができつつあったので、保護者も学校に信頼を寄せていました。

また、問題行動が見られるようになってきたり、一斉指導での学習が困難になってきてからは、通常学級担任と特別支援学級担任とで日常的な連絡と話し合いを繰り返すようにしてきたことも、1回目のミーティングをスムーズに開催できた要因となりました。

(3) 教育課題と指導の方向の設定

教育課題シートへの記入と並行して、心理検査（WISC－ⅢとK－ABC、S－M式生活能力検査等）を実施しました。

この時点でのハルコさんの教育課題として次の3点が挙がってきました。

ハルコさんの教育課題

1　文字や数に関する基礎的な力を身につける
2　生活経験を広め、生活に必要な技能を高める
3　同年齢の友達とよりよい人間関係をもつ

この課題の順位は、この時点で、ハルコさんにとって大切であると考えられる順位を示しました。

(4) 教科・領域別指導項目と支援方法の作成

ハルコさんには、LDに伴う特別な学習支援とソーシャルスキル・トレーニング（SST）を特別支援学級で行いながら、可能な限り通常の学級で学習する時間を多くしていこうということがミーティングで確認されました。

そこで、通常の学級の教育課程に合せた教

科・領域別の学習支援体制も問題になりました。これについては、通常の学級における一斉指導の中に、特別支援学級で行っている学習スキルの工夫を採り入れていくことにしました。そして、通常の学級と特別支援学級における教科・領域別の指導計画は、学年末に見直しをしていくことにしました。

(5) 週日課の作成

そして、最終的にハルコさんの週日課ができ上がりました。通常の学級と特別支援学級を行き来しながら、学校生活を過ごす計画です。週日課は固定ではなく、通常の学級と特別支援学級の双方の担任が連絡を取りながら柔軟に対応していくことにしました。つまり、行事による特別時間割が入ったり、集中的にＳＳＴを行ったりする等のことがある場合は、ハルコさんのその時期の指導目標と照らし合わせて検討し、柔軟に変更していくことにしました。

(6) ソーシャルスキル・トレーニングの項目別・場面別指導内容の作成

こうして１回目の援助チームのミーティングの後、ハルコさんに対する支援が始まりました。支援が経過するにつれて、教育課題の順序が問題になってきました。学習における問題を一番にとらえたため、この時期のハルコさんの一番の教育課題は、「文字や数に関する基礎的な力を身につける」でした。

しかし、ミーティングでの情報交換を経て、ハルコさんの学校生活を見直してみると、ハルコさんの教育課題として特別支援学級担任と通常の学級の担任が第一にあげたのが、「同年齢の友達とよりよい人間関係をもつ」ことでした。

また、保護者も学習面での遅れを気にしながらも、現状で一番困っていることは、「学級内でのトラブル」であることが、ミーティングでの情報交換からわかってきました。そこでハルコさんがよりよい人間関係を獲得していくためにＳＳＴを行うことが特別支援学級担任から提案されました。

ＳＳＴは、学習活動として取り上げて行うことも大切ですが、日常生活場面がそのまま学習の場となることも多く見られます。そこで、学習の場を家庭、通常の学級、特別支援学級と三つに分け、それぞれ指導項目をあげてみることにしました。そのために作成したのが、ソーシャルスキルに関する領域・場面別指導事項(次頁参照)です。

このシートに、特別支援学級担任と通常学級担任、保護者が、それぞれの立場からハルコさんに対する指導内容を記入しました。このシートについては、毎学期ごとに見返しを行って、指導内容の取捨選択をしていくことにしました。

3．２回目のミーティング(作戦会議)
― 教育課題の優先順位を修正し、指導期間、時間を決定する ―

こうして２か月後、ハルコさんの２回目の援助チームのミーティングが開かれました。ハルコさんの三つの教育課題はいずれも重要な項目でしたが、三つの項目が決して並列ではないということがわかってきました。

通常学級での学習時間に、勝手に教室から

ソーシャルスキルに関する領域・場面別指導事項

学年　2年　氏名　ハルコさん

領域	家庭・地域生活	優先	期間	通常の学級	優先	期間	特別支援学級	優先	期間
身辺自立	・朝食を必ずとる ・おやつ、食事の時間を守る ・着替えを自分で行う	◎	1学期 2学期	・チャイムで着席、学習の準備ができる	◎	1学期	・声がけで自分からトイレに行く ・着替えを自分から行う	◎	1学期
家事・係・当番	・食器運びや配膳の手伝いをする						・保健板をN児と届ける ・給食当番の運搬、配膳を行う		
健康	・散歩や外遊びをする ・歯磨きを続ける	◎	1学期	・体育や外遊びに進んで参加する	◎	1学期	・休み時間に外遊びをする ・汗を拭く、着替えをする		
コミュニケーション	・家族との挨拶 ・近所の人に挨拶をする ・回覧板をまわす			・援助してもらいながらグループの話に加わることができる	◎	2学期 3学期	・友達への依頼、断り、我慢する等のソーシャルスキルを総合的に行う	◎	1学期 2学期 3学期
余暇活動	・時間を決めて好きな歌を聴いたり、歌ったり、ビデオを見る	◎	2学期 3学期	・友達に誘ってもらい、仲良く遊ぶことができる	○		・好きな粘土遊びや歌を歌う ・簡単なルールのあるゲームを楽しむ		
社会性	・地域の育成会行事に進んで参加をする ・デパート、レストランのマナーを知る	○	3学期	・友達に挨拶をする ・グループの活動に参加し、共に活動できる	◎	1学期 2学期	・相手の話を聴く ・順番を待ち、我慢することができる	◎	1学期 2学期
職業前スキル	・簡単なお使いをする			・伝言を伝えることができる			・名札の販売で、簡単なやり取りができる	○	3学期
行動管理	・目覚ましを利用して自分で起きる。遅刻をしない ・就寝時刻を守る。ビデオを決まった時間に見る	◎	1学期 2学期 3学期	・困ったときに、自分から教師や友達に思いを伝える	◎	1学期 2学期 3学期	・服薬を自分で定刻に行う ・気持ちの言語表現の訓練	◎	1学期 2学期
移動	・安全に気をつけて自転車に乗る	○	2学期 3学期	・寄り道をしないで登下校ができる	◎	2学期	・寄り道をしないで登下校ができる	○	3学期
情緒	・兄とのトラブルの改善。			・感情を伝えるコミュニケーションができる	◎	3学期	・友達への簡単な援助ができる	○	

出てしまった時に友達が誘いに来てくれても下を向いて応えず動かなくなるという行動、また、特別支援学級ではのびのび行動するのに、通常の学級では些細なことでかたくなになってしまうなどの行動をまず和らげることで、ハルコさんの学校生活はより楽しく充実したものになるのではないか、と考えました。

また、それぞれの課題について重点的に取り組む期間を決めることが特別支援学級担任から提案されました。重点的に課題に取り組む期間や場面を決めることで、ハルコさんにかかわるすべての者が同じ歩調で指導にあたり、見返しをしていくことができるのではないか、ということでした。

特に、ＬＤ傾向があるハルコさんにとって、学習内容の選定、学習方法の工夫、教材の提示の仕方の工夫や席の位置、グルーピングの配慮等の学習環境の工夫は重要な項目となりました。

また、この２回目のミーティングには、養護教諭にも参加してもらいました。

これは、肥満傾向があるハルコさんにどのような食事を考えていけばよいのか、また、服薬を自分で管理できるようになってほしいという保護者の希望で、参加をお願いしたものでした。

ハルコさんの学校での運動量、放課後の家庭での遊びの様子、間食の量についての情報交換、また、朝定時の服薬をハルコさん自身に行ってもらうために、時計のベルを利用するなどのアイデアも出されました。

ミーティングの結果、指導目標の優先順位、期間、時間を修正して下の表のように決定しました。つまり、教育課題を優先順位の順に並び替え、指導の期間、場面と時間を明らかにしたわけです。

まず一番に取り組まなければいけない課題として、「同年齢の友達とよりよい人間関係をもつ」があがりました。そして、学習支援活動として、ハルコさんの自尊感情を高めながら、周囲の友達とのよい関係を築くために、カウンセリング技法の一つである、「対人関係ゲーム・プログラム」の実施を、通常学級担任と特別支援学級担任とで進めることになりました（54頁の第２回目の援助チームシート）。

教育課題の修正について（優先順位、期間、時間を決定しました）

順位	課題	期間	場面と時間
1	同年代の友達とよりよい人間関係をもつ	4月より	特別支援学級の合同時間（ＳＳＴの時間を週に２時間ほど）と原学級（朝の時間、特別活動、総合的な学習の時間）
2	生活経験を広め、生活に必要な技能を高める	年間生単で集中的	特別支援学級を中心に日常生活の指導、生活単元学習を毎日同じ時間帯で１～２時間
3	文字や数に関する基礎的な力を身につける	年間	特別支援学級合同の個別学習で１日１～２時間

4．対人関係ゲーム・プログラムの実施

　様々な理由で集団になじみにくい児童が、集団になじんでいくときに効果をみせるのが対人関係ゲーム・プログラムです。6月・7月に集中してゲームに取り組んだ後も、年間を通して週に1回（木曜日の朝の時間）に、特別支援学級担任が通常の学級を訪問し、T・Tでゲーム・プログラムを継続して展開することにしました。

　＜方法＞
　①対象：ハルコさん(小2女子　ＡＤＨＤ及びＬＤ)と2年生1学級36名
　②期間：5月～6月まで2か月
　③手続き
　対人関係ゲーム・プログラムを用いた。ゲームの内容とプログラムについては、岸田(1998)に習い、運動量が多く不安や緊張が軽減されるゲームを前半に、序々に身体接触を増加させながら、言語コミュニケーションによるゲームを後半にプログラムしました。

　また、低学年であることを考慮し、全体にゲーム性の高いものを配置しました。ゲームの実施にあたっては、通常学級担任と特別支援学級担任がリーダー、サブリーダーとして行いました。
　④導入にあたっての醸成期間
　ハルコさんの存在が全く無視されていたり、ひどく排斥されたりしている状態では効果は期待できないことから、ゲームの導入へ向けた醸成期間をとりました。

　具体的には、

・特別支援学級担任が通常の学級を訪れ、関係づくりを行いました。(なかよし給食、特別支援学級理解のためのお話活動等)
・通常の学級の児童が、特別支援学級をを訪問し、ビデオレターづくり等を行い、特別支援教育についての理解を深める。

　＜ゲームでの様子＞
　ゲーム中は特別支援学級の担任がハルコさんの傍らに付き添い参加しました。また、インストラクションやシェアリングが理解しにくい時には、ハルコさんにわかりやすい形に情報を整理して与えるように工夫しました。

　こうした繰り返しの中で2年生の友達となかなかうち解けられなかったハルコさんが、ゲームの時間を楽しみにして待ち、参加するようになっていきました。「凍り鬼」では友達からもらうお助けカードの枚数が増え、自分からも友達に手渡せるようになり、意欲的に参加をするようになりました。また、友達との接触も増え、ハルコさんの振り返りカードに友達の名前があがるようになったことも驚きでした。

　プログラム終了後も朝の学級活動や特別活動の時間を利用してゲームは続けられ、ハルコさんも誘われて参加しました。

　ゲームの展開につれて、いろいろなことがわかってきました。

　まず、集団不適応が見られ、対人関係づくりが難しいハルコさんがプログラムに参加するとき、特別支援学級の担任と通常学級の担任とがT．Tでゲームを展開することが、ハルコさんがスムーズにゲームに参加していく上で大切な支援であることです。

また、低学年の場合、ゲーム性の高いものを繰り返し行うことが、リレーション作りに有効であることもわかってきました。

そして、ハルコさんの適応力が高まるにつれて、ハルコさんを受け入れる側の学級集団も育っていくという実感をもつことができました。

いずれもこれらは、ミーティングや日々の意見交換などの連携を重ねてきた結果によるものであると考えました。

5．連携を振り返っての考察

ＡＤＨＤ及びＬＤの疑いという診断を受けており、情緒的に不安定で友達とトラブルを起こしやすかったハルコさん。支援チームが一番の教育課題としてあげた、「よりよい人間関係」をつくり上げていくためには、通常の学級の児童とのかかわりは欠かせないことでした。

このことに早く気づくことができたのは、トラブルが起こり始めてすぐに援助チームを立ち上げ、ミーティングをもったことがよかったのだと思います。そして対人関係ゲーム・プログラムによる取り組みは、この後１年間を通じて行われることになりました。ゲーム展開中のきめこまかなで柔軟性のある対応は、１人の教師ではできません。２人の教師がチームを組んで授業を進めることで、それぞれの良さを生かしながら、その時々に応じて指導にあたることができました。

特別支援学級担任はハルコさんへの個別支援、通常学級担任は学級集団全体に向かっての支援が中心となるものの、チームミーティングを重ねハルコさんに寄せる願いが一致していれば、それぞれの立場にとらわれることなく、様々な支援が可能になるということがわかってきました。

また、特別支援学級の担任と通常学級の担任がチームを組み指導することで、その子にあったいろいろな方法での支援が臨機応変に行えました。

友人とのトラブル続きの期間を経て、支援チームによるミーティングにおいて、ハルコさんが今一番困っていることを共通理解し、「いま、ハルコさんに最も必要なことを、誰が、いつ支援するか」が明確となり、通常学級担任と特別支援学級担任との連携した支援が生まれました。

ハルコさんと学級集団は、対人関係ゲーム・プログラムでかかわりの土台を築き、まずハルコさんと通常学級の児童とのかかわりに教師が仲立ちを務め、次に仲立ちを必要しない関係に発展し、遠慮のない本物のかかわりへと移行しつつあります。

今回の実践から、援助チームによるミーティングは、トラブルが発生、あるいは予測される段階で速やかに開くことが大切であること、また、ミーティングにおいて意見交換を重ねることで児童に対する共通理解が深まり、共通基盤に互いが立つことができれば、様々な立場からの支援が可能になることが示唆されたと考えます。

今後もハルコさんへのチーム援助は続けていきます。

田村・石隈式【援助資源チェックシート】

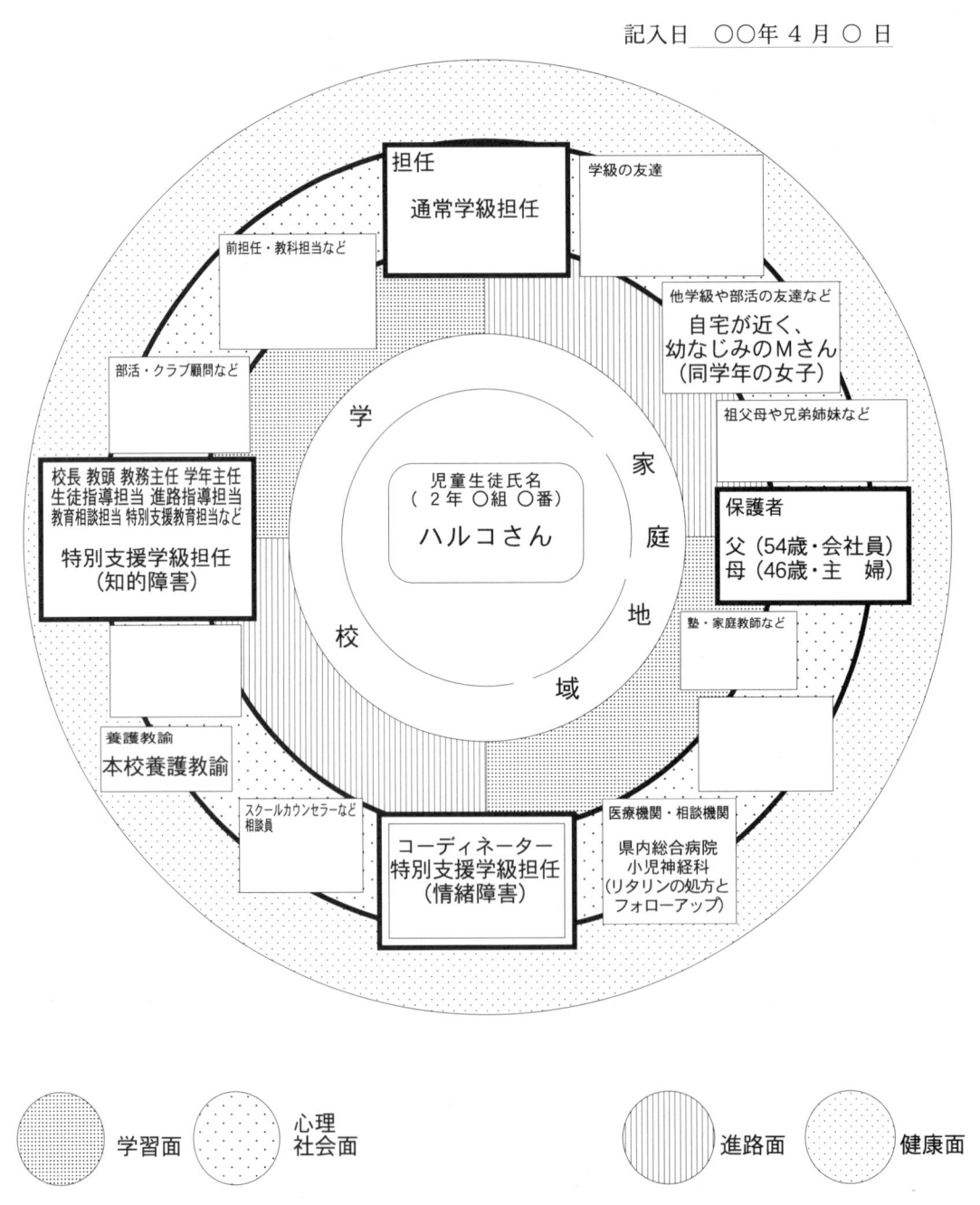

記入日　〇〇年4月〇日

児童生徒氏名
（2年〇組〇番）
ハルコさん

学校／家庭地域

担任
通常学級担任

前担任・教科担当など

学級の友達

他学級や部活の友達など
自宅が近く、幼なじみのMさん
（同学年の女子）

部活・クラブ顧問など

祖父母や兄弟姉妹など

校長　教頭　教務主任　学年主任
生徒指導担当　進路指導担当
教育相談担当　特別支援教育担当など
特別支援学級担任
（知的障害）

保護者
父（54歳・会社員）
母（46歳・主婦）

塾・家庭教師など

養護教諭
本校養護教諭

スクールカウンセラーなど
相談員

コーディネーター
特別支援学級担任
（情緒障害）

医療機関・相談機関
県内総合病院
小児神経科
（リタリンの処方と
フォローアップ）

○ 学習面　　○ 心理社会面　　○ 進路面　　○ 健康面

参照：石隈利紀・田村節子著『石隈・田村式援助シートによるチーム援助入門―学校心理学・実践編―』図書文化
　　　石隈利紀著『学校心理学―教師・スクールカウンセラー・保護者のチームによる心理教育的援助サービス―』誠信書房
　　　　　　　　　　　　　　　　©Ishikuma & Tamura 1997-2003

【石隈・田村式援助チームシート 5領域版】 実施日 : ○○年4月○日（ ）　　　　第1回
次回予定: ○○年6月○日（ ）　　　　第2回
出席者名: 通常学級担任、保護者、特別支援学級担任

苦戦していること（学習の遅れ、学級の児童とのトラブルが多い　　　　　　　　　　　　　　　　　　　　　）

児童生徒氏名 年 組 番 ハルコさん 担任氏名		知的能力・学習面 （知能・学力） （学習状況） （学習スタイル） など	言語面・運動面 （ことばの理解や表現） （上下肢の運動） など	心理・社会面 （情緒面） （人間関係） （ストレス対処スタイル） など	健康面 （健康状況） （視覚・聴覚の問題） など	生活面・進路面 （身辺自立） （得意なことや趣味） （将来の夢や計画） など
情報のまとめ	（A） いいところ 子どもの自助資源	・自分の意見を聞いてもらいたい、発言したいという意欲がある ・音楽	・視覚情報よりも、聴覚情報が優位である	・自分より年下の児童や困っている友達を助けようとする	・健康であり、欠席がほとんどない	・歌を歌うことが大好きである
	（B） 気になるところ 援助が必要なところ	・教師の指示を待たないで動き出してしまう ・授業中に、勝手に話してしまう	・黒板に板書されたことの理解に時間がかかる	・自分の思うようにならないときに、教室を飛び出したり、すねたりする	・朝食を食べずに登校することが多い ・間食が多い	・トイレの後に手を拭く、汗を拭く、自分から着替えるなどのことに声かけが必要である
	（C） してみたこと 今まで行った，あるいは，今行っている援助とその結果	・席を教師の近くにした	・机間巡視で、説明を加えた	・トラブルがあったとき、落ちついてから、どうしたかったのか、どうすればよかったのかを話した	・家庭に、起床時間を早くし、少量でも朝食をとるように支援をお願いした	・行動のきっかけとなる声がけをしたまた、できたときには賞賛し励ました
援助方針	（D） この時点での 目標と援助方針	1 文字や数に関する基礎的な力を身につける 2 生活経験を広め、生活に必要な技能を高める 3 同年齢の友達とよりよい人間関係をもつ				
援助案	（E） これからの援助で何を行うか	・国語、算数の2教科については、特別支援学級で個別指導を行う	・学習習慣形成教員やチームティーチング教員を活用し、チームティーチングで授業にあたる	・トラブルの後、気持ちが治まるまで、特別支援学級のプレイルームを居場所とする	・食事をとる時間、バランスについて保護者にアドバイスする ・就寝時間を決めて守るように保護者にアドバイスする	・日常生活でどんなことが一人でできるのか、状況を整えることで自分からできそうなことはないか、どんな状況にしてあげればよいか等をチェックシートを使って明らかにする
	（F） 誰が行うか	・特別支援学級担任	・通常学級担任 ・学習習慣形成教員 ・チームティーチング教員	・特別支援学級担任、ただし、通常学級担任と連絡を取りハルコさんの居場所を確認しておく	・通常学級担任から保護者へアドバイスする	・特別支援学級担任
	（G） いつから いつまで行うか	・今学期から	・今学期から、必要に応じて	・今学期から	・4月の家庭訪問で、その後保護者が登校したときにチャンスをとらえて行う	・できるだけ早く4月中に行う

参照： 石隈利紀著『学校心理学―教師・スクールカウンセラー・保護者のチームによる心理教育的援助サービス―』誠信書房 ⒸIshikuma & Tamura 1997-2003
　　　　石隈利紀・田村節子著『石隈・田村式援助シートによるチーム援助入門―学校心理学・実践編―』図書文化

【石隈・田村式援助チームシート 5領域版】

実施日： ○○年6月○日（ ）　　第2回
次回予定： ○○年6月○日（ ）　　第　回
出席者名： 通常学級担任、保護者、特別支援学級担任、養護教諭

苦戦していること　（学級の児童とのトラブルが多い　　　　　　　　　　　　　　　）

児童生徒氏名 年　組　番 ハルコさん 担任氏名		知的能力・学習面 （知能・学力） （学習状況） （学習スタイル） など	言語面・運動面 （ことばの理解や表現） （上下肢の運動） など	心理・社会面 （情緒面） （人間関係） （ストレス対処スタイル） など	健康面 （健康状況） （視覚・聴覚の問題） など	生活面・進路面 （身辺自立） （得意なことや趣味） （将来の夢や計画） など
情報のまとめ	（A）いいところ 子どもの自助資源	・特別支援学級の個別指導では、落ち着いて授業を受ける	・聴覚優位で、耳で聞いて覚えたことを話す	・特別支援学級に通ってくる児童たちと仲良く遊んだり、挨拶ができる	・遅刻が減ってきた	・歌を歌うことが好きである ・特別支援学級で、金魚のえさやりやプリント配りなどの手伝いを進んで行う
	（B）気になるところ 援助が必要なところ	・課題に対する集中時間が短い（20分ほど）	・黒板に板書されたことの理解に時間がかかる	・遊びの時間などで、自分の思いが通らないときに、怒り出してしまったり、勝手にルールを変えようとしたりする	・朝食を食べてこない ・帰宅後にスナック菓子などのおやつを多くとっている ・体を動かして遊ぶことが少ない	・後片付けをしないことが多い
	（C）してみたこと 今まで行った、あるいは、今行っている援助とその結果	・特別支援学級での授業では、45分間の授業を15分×3セッションに分けてすすめた	・黒板に板書きされた学習課題を、ハルコさんには読んで聞かせるように配慮した	・特別支援学級でトランプや人生ゲームなどルールのあるゲームを遊びに採り入れ、教師も加わって、繰り返した	・養護教諭から、保護者にアドバイスをしてもらった ・休み時間など縄跳びや外遊びに積極的に誘った	・特別支援学級での係の仕事を決めて、毎日行うようにした
援助方針	（D）この時点での目標と援助方針	1 同年齢の友達とよりよい人間関係をもつ 2 文字や数に関する基礎的な力を身につける（国語は漢字が1年生の既習内容中心、読みは2年生の内容を中心とする。算数は、1年生の教科書を中心に進める） 3 生活経験を広め、生活に必要な技能を高める（1回目の援助方針と優先する順序を入れ替えた）				
援助案	（E）これからの援助で何を行うか	・国語、算数については、本人に対応した教材、学習方法で特別支援学級ですすめる	・理科、音楽などの教科では、専門教科教諭に事前にハルコさんの様子を話し、学習における特別な支援やトラブル時の対応について事前に連絡しておく	・通常学級担任と特別支援学級担任とチームティーチングで、「対人関係ゲーム・プログラム」を特別活動や、「朝の時間」に行う	・保護者に、継続して養護教諭からアドバイスをしていく	・特別支援学級でのお手伝い活動を続ける ・ハルコさんが特別支援学級で学習やお手伝いをがんばっている様子をビデオレターにして、通常学級の児童に紹介する
	（F）誰が行うか	・特別支援学級担任	・学習習慣形成教員 ・通常学級担任 ・専科教諭	・特別支援学級担任 ・通常学級担任	・養護教諭	・特別支援学級担任 ・通常学級担任
	（G）いつからいつまで行うか	・継続して行う	・継続して行う（年度末に見返しをする）	・6月より開始し、年間を通じてプログラムに沿って行う	・ハルコさんの様子を見てチャンスをとらえて継続して行う	・1学期中のできるだけ早い時期に行う

参照： 石隈利紀著『学校心理学―教師・スクールカウンセラー・保護者のチームによる心理教育的援助サービス―』誠信書房 ©Ishikuma & Tamura 1997-2003
石隈利紀・田村節子著『石隈・田村式援助シートによるチーム援助入門―学校心理学・実践編―』図書文化

7 力尽きて不登校になった子どもへの援助

養護教諭

1．チーム援助を始めたいきさつ

　教育相談部として組織を立ち上げ、チームでの援助を始めて7年目になります。7年前の年度途中に校長から「不登校の子どもやその他にも気になる子どもたちが増えてきていますから、教育相談に関する組織を作ってみてはどうでしょうか」という働きかけが本校でチーム援助を始めるきっかけでした。

　それまでは、担任と担任外の教員との間での暗黙の了解で「（子どもと）迎えに行く」などの対応をしていましたので、「改めてそのような組織を作らなくてもいいんじゃないですか」という意見も出されました。

　しかし、多くの先生方は、学校全体として機能できる援助のスタイルを望んでいましたので、その方向でスタートしました。

　以来、援助チームシートも本校の実態に合うようなオリジナルなものを作ったり、支援会議の開催日を固定化するなど、チーム援助が定着するためのさまざまな取り組みを展開してきました。その成果は、単に不登校の子どもたちがいなくなったというだけにとどまらずその他にも多くの場面に波及しています。つたない取り組みではありますが、本校のチーム援助の様子を一つの事例を通して紹介できればと考えています。

2．事例を通してのチーム援助の実際

(1) ナツオくん（小2）の様子

　ナツオくんは母親と祖母との3人暮らしです。母親は一家の家計を支えるために昼も夜も働いており、ナツオくんとゆっくり過ごす時間はほとんどありません。ナツオくんはいつも寂しい思いをしていることが多く、そのために自分に対する不安が強くて、ちょっとでも自信のないことにはいっさい取り組もうとしません。夜もよく眠れずにいることが多いらしく、目の下には黒いくまができています。

　とてもまじめな性格で、「こうしなければいけない」という思い込みが強く、融通が利かない面があります。友達に対して厳しく注意したりすることもあり、友達はあまり多くありません。算数が得意で本人も自信を持っていますが、国語が苦手でひらがなだけの文章もたどたどしい読み方しかできず、漢字はほとんど書けません。1年生の終わり頃から遅刻や欠席が多くなり、学校へ来ても教室へ

行くのを拒むようになっていました。

そんなナツオくんが、力尽きたように登校できなくなってしまったのは、2年生になってすぐのことです。

(2) チームの立ち上げ

前担任から「ナツオくんは不安傾向が強く、遅刻や欠席も多いから配慮してください」という引き継ぎを受け、新学級担任もナツオくんのことを気にかけ、できるだけかかわりを多く持つようにしようと心の準備をしてくれていました。そんな学級担任(T1)から、「実はナツオくんは始業式の翌日から五日間ずっとお休みしているんです。今朝お母さんから電話があって、『ナツオが学校に行くのをいやがって困っています』ということでした。このままだとズルズル休み続けてしまいそうな気がするので、支援会議を開いてもらえませんでしょうか」という依頼があり、さっそく校内支援会議を開くことにしました。

会議への参加メンバーは、学級担任(T1)、ナツオくんが教室に入れない時に一緒に遊んでくれている教頭(T4)、教室に入れない時や身体の調子が良くない時に保健室にもよく顔を見せるので、養護教諭であり教育相談係でもある(T2)、ナツオくんの苦手な国語のT.Tとして授業を担当している副担任(T5)、母親の不安が大きいので母親のカウンセリングを担当してもらう学校カウンセラー(T3)の5名です（4月14日の援助資源チェックシート参照）。

(3) 援助チームによる指導・援助の実際

① チームでの役割

学級担任(T1)は、ナツオくんに学級での存在感をもたせることと、友達とのかかわりが多くもてるように集団での活動を重視した学級経営をしていく。

教頭(T4)は、ナツオくんの遊び相手としてナツオくんが自信を持っている算数の指導を通して信頼関係を深め、安心して自分を出せるような関係を作る。

養護教諭であり教育相談係の(T2)は、保健室をナツオくんが安心して過ごせる居場所にするとともに、生活のリズムを整える支援をする。

T.Tであり副担任の(T5)は、遊びを通してナツオくんの苦手な国語の力を身につけさせ、自信を持たせるようにする

学校カウンセラー(T3)は、週1回プレイの時間をとり、ナツオくんの心の安定をはかるとともに、定期的に母親のカウンセリングを行う。

② チーム援助の過程

この5人がそれぞれの役割を生かし、どのようにチーム援助が行われたかを、ナツオくんの変容と共にみていきたいと思います。

チーム援助スタート
（学校での居場所作り・4月）

休み始めてからまだ1週間でしたので、まずナツオくんとの間に信頼関係を作り、その

人が朝迎えに行くことになり、養護教諭がその役を引き受けました。

養護教諭は、放課後ナツオくんの家を訪ねて体の具合を尋ね、具合がよさそうなら少しおしゃべりしたり遊んだりするということを試みました。そして次に、「遅れてもいい、何時でもいいから学校へ行ってみようかな、と思ったら先生に電話してね。そしたら迎えに来るから」と伝えてみました。するとナツオくんから「教室にいかなくてもいい？ 保健室で勉強してもいいの？」という質問が返って来たのです。

このナツオくんの言葉から「ナツオくんはまだ教室にいることに自信がないようだ」と判断し、教室以外でナツオくんが過ごせる場所を作ろうということになり、保健室をナツオくんの居場所にすることになりました。このことをナツオくんに伝えると、うれしそうににっこり笑っていました。翌朝さっそく母親から「ナツオが、『保健室で勉強していいのなら学校に行く』と言っていますが、そうさせてもらえるんでしょうか」という電話がありました。そして、その日からナツオくんの保健室登校が始まりました。

**信頼関係を深める
（ナツオくんと母親と・5月〜）**

保健室で過ごすようになり、朝登校をしぶるということは少なくなりました。

保健室では、ぬりえやジグソーパズル、風船などで遊ぶことが多く、学習に対しては、まだ「やりたい」という意欲がみられません。すぐに学習に入るのは無理なようなので、本人の得意な算数をゲーム感覚でできるような時間を作ろうということになり、教頭(T4)が担当しました。

毎日1時間、楽しく工夫された教材をもって教頭(T4)が保健室にやって来ます。算数はナツオくんの得意な分野なので、すぐに意欲的に取り組み「もっとやりたい」という声も聞かれ、教頭が来るのを待ちわびるようになりました。算数の学習に入る前に手遊び歌などをやって、ナツオくんの心をなごませてくれたことも親しみを持ちやすかったのかもしれません。

この頃、週に一度来校する学校カウンセラー(T3)とのプレイも開始しました。学校カウンセラーがバウムテストを実施したところ、ナツオくんは木の幹を真っ黒にぬりつぶし、自己肯定感がとても低いことがわかりました。そこでナツオくんの内面を思いっきり出せるように、オセロやUNOなどのゲームから始めました。

ナツオくんは、オセロがとても強くて大人相手でも対等に勝負ができるので、自信を持ったようで、保健室に来る先生たちをつかまえては「オセロの勝負しよう」と声をかけていました。

おとなしいと思っていたナツオくんが、UNOで負けると「くやしい!!」と地団駄をふんで怒りをあらわすなど、今まで見ることのできなかった姿も見えるようになりました。

保健室登校するようになり登校しぶりがなくなったことで、母親のしんどさも少しは軽減されたようです。しかし、母親の話を聞いてもらえるような人が近くにいない状況なの

で、月に１回程度学校カウンセラーによる相談を始めることにしました。母親の話から、経済的に大変な状況であることがわかり、生活保護の申請をするよう学校カウンセラーからアドバイスし、事務室で手続きの方法を教えてもらって早速申請しました。

自信をつける取り組み
　（苦手なことにチャレンジ・６月〜）

　保健室での生活に慣れ、登下校も２年生の他の子どもたちと同じリズムでできるようになったので、ナツオくんが自分で時間割をつくり、それに従って過ごすようにしました。時間割には、好きなオセロや算数、ボール遊びなどがよく登場しますが、苦手な国語の時間がいつになっても出てきません。そこで、カルタ遊びの時間をナツオくんに頼んで入れてもらい、T.Tでもある副担任(T5)にその指導をお願いしました。

　アニメのキャラクターのカルタにナツオくんは興味を示し、カルタ取りに熱中しました。この後副担任(T5)は、カルタから簡単な絵本の読み聞かせ、そして短文作りへと国語の学習につなげてくれました。

　またこの時期から水泳が始まりますが、ナツオくんは水泳が苦手で、シャワーを浴びることすらできません。そこで、１時間目のプールが空いている時間帯をナツオくんのためにもらい、養護教諭(T2)が、水に慣れることをねらいとして毎日ナツオくんとプールに入り、シャワーを浴びる練習やプールに落とした碁石拾いなどをして、少しずつナツオくんの水に対する恐怖心をぬぐっていきました。

　ナツオくんにとってはこの二つのことが何より苦手で、てこでも動かないというかたくなな態度をとっていましたが、無理をせずに遊びから入っていくはたらきかけにより、徐々にその気持ちをときほぐしていくことができたように思います。

安心して教室へ
　（教室へ行こうか・９月〜10月頃）

　２学期に入ってすぐに校内支援会議を開きました。９月には運動会に向けての練習が始まります。校内支援会議の中で、「行事は子どもが成長する大事な場面だから、この時期をとらえて教室へ誘ってみてはどうか」という意見が出されました。学期が新しくなったので、班や係活動もナツオくんの意向を聞きいれて決め、教室へ行きやすい環境調整をすすめていきました。

　９月中旬「運動会の練習の時間にちょっと行ってみようか」とはたらきかけ、養護教諭の教育相談係(T2)もそばについて参加しました。最初はおどおどして列に入ることを拒んでいましたので、「どんなことをやるのか見てみよう」と言って見学し、ナツオくんが「できそうだ」という安心感をもったところで「一緒にやってみよう」と誘い、集団の中に入れました。このようにして教室で学習するはじめの一歩を踏み出しました。

　そして、給食の時間には、ナツオくんの班の子どもたちに保健室へ来てもらって一緒に食べるようにし、交流できる場を増やしていきました。食事をしながら学級での楽しそうな話題が出てくると、ナツオくんも興味あり

げに聞いていました。この様子を見ながら「もっと教室へ行く時間を多くしてもいいね」ということになり、算数や生活科などナツオくんが「行ってみようかな」と思う時間は、できるだけ教室に行くようにしました。

チーム援助の終結
（学校が楽しくなった・11月〜12月頃）

学級にいる時間の方が多くなってきましたので、学級担任(T1)は、朝の会にショートの構成的グループ・エンカウンターを取り入れて、1日のスタートを楽しめるよう工夫し、班での活動を多くするなど、ナツオくんにとって居心地のいい学級づくりを心がけました。

ナツオくんは、学級でも緊張することがなくなり、算数の授業中には積極的に手を挙げて発言する場面も見られ、友達からも「ナツオくん、すごいね」と認められるようになりました。休み時間には、友達と元気に運動場へ走り出ています。

そんなある日、母親から「ナツオが、『ぼく、学校が楽しくなった』と言ってくれました」とうれしそうに報告がありました。

3．チーム援助の有効性

チームによる援助を始めて7年。その間さまざまな経験をすることができました。苦い思いをしたことや壁にぶつかり行き詰まったこともありましたが、どんなささやかな援助でも、それを実行し続けることによって子どもの変容があることを今確かな手ごたえとして感じることができます。

また、チーム援助を通して子どもの姿が変わるという効果だけではなく、教員や学級が変わっていく姿も目の当たりにすることができました。それは子ども観や教育観まで変わるところへと繋がっているように思います。

(1) 援助シートを書くことの効果

毎回の校内支援会議は、援助シートをもとに話し合いを進めていきます。援助シートを書くのは主に担任ですが、援助シートに記入することによって、子どもをよく知らない、見ていないという自分に気づき驚いたそうです。援助シートに記入することで自分に足りない視点や把握していない情報があることに気がつくことができます。また、書きながら「こんなはたらきかけもできるんじゃないかな」などと、一人で支援方法を考える時もあると話してくれた先生もいました。

支援の第一歩は「子どもを知る」ことだと思います。そのためにも援助シートへ記入することは効果があるようです。

本校では、援助シートを自分流にアレンジして数種類用意し、担任にその中から書きやすいスタイルのものを選んで書いてもらっています。より書きやすく、より会議が進めやすい援助シートを作り出すのも結構楽しいものです。

(2) 校内支援会議からの広がり

6年間に100回を越える校内支援会議を開き、いろんな子どもたちとの出会いがありま

した。会議に参加している先生方の子どもを見る目のやさしさやしっかりとした教育観、スーパーバイザーの鋭い視点など校内支援会議を開くたびに私自身多くの刺激を受け、自分を磨く場となっていることに気がつきました。

① 支援方法

　最初の頃は不登校の子どもへのはたらきかけが中心であり、迎えに行くとか居場所作り、安心した人間関係を作るための取り組みという内容が主でしたが、最近は荒れ始めた学級全体あるいは学年全体へのはたらきかけにもこのチーム援助を活用しています。

　たとえば、「お話タイム」と題して管理職やその学年にかかわりのある教員が、1対1で子どもの話を聞く時間を毎週1時間とり、校長室や保健室、屋上などで子どもの話に耳を傾けます。

　そうすることで、今まで知らなかった子どものいい面が見えてきて、私たち教師のその学級・学年に対する見方が変わり、子どもたちも「話を聞いてもらえた」ということで安心するのか、しだいに自己肯定感が高まり穏やかな表情になってきました。

　また、給食の時間もフルに活用し、校長室や保健室へグループ単位でやって来ては、たわいないおしゃべりをしながら昼食を共にしています。子どもたちは、普段と違う場所、違う雰囲気のなかで食事ができるということでこの時間を楽しみにしているようで、いつも楽しい話題で盛り上がります。

　個別の援助を必要とする子どもに対しても、学校にいる時間帯のなかでできることをいろいろと考えて取り組むようになりました。

　たとえば、読書タイム（本校では毎日15分間とっています）や、給食の準備時間中などを利用して校長室や保健室、相談室などに一人でやって来て、その子に合わせたメニューで学習をしたり、オセロやトランプなどのゲームをするなど毎日短い時間であっても1対1で過ごせる時間を取ることにより、その子どもとの信頼関係を深める取り組みなどがその一例です。

　このように、チーム援助は担任一人ではできない援助をすることが可能ですし、一人ひとりの子どもに対して濃いかかわりが持てるのが何よりの効果だと思います。

② 子どもを見る目

　「○○くんは、お家でちゃんとやってくれないから仕方ないわよ」という声が聞こえていた職員室から、「○○くんのおかあさんもたいへんよね。私たちで何かできることはないかしら」という会話ができるような職場になりつつあります。

　目の前の子どもたちの「何ともし難い現実を何とかしたい」という熱い思いで校内支援会議を繰り返し行ってきたことが、この変容をもたらしたのではないかと思います。

　本校では、校内支援会議の際には常に子どもや親のせいにしないで、学校として、子どもを支える教師として何ができるのか、という視点で話し合ってきました。「できることからやる」チーム援助の魅力はそこにあると思います。

4．チーム援助促進へ向けて

「やろう」と思えば、援助シートと鉛筆、そしておいしいお菓子さえあればチーム援助はスタートできます。

先日この思いを伝えるべく、本校の実践を模擬校内支援会議として他校の先生方に見てもらう機会を得ました。架空の事例をもとに、校長や担任、学年主任、教育相談係、養護教諭、スーパーバイザーなどがそれぞれどういう役目をすればいいのかが、見ている先生方にわかるようにシナリオをつくり、それに従って校内支援会議をすすめました。

この様子は、後日、新聞に「チーム援助の有効性」として報道されました。

(1) 気負いこまずに無理のないところから

「チーム援助をやりたいけど、うちには教育相談の組織がないから」とあきらめてしまっている先生に出会うことがあります。

私も最初はそうでしたが、今は「動けない組織を作るより、動けるチーム援助を始める方が先決」という考えにかわってきました。

組織はなくても子どもを支援していくことはどの学校でもできるはずです。難しく考えないで始めてみてはどうでしょうか。

(2) まずは援助を必要としている子どもの存在に気づくこと

抱えている課題の難解さに程度はあるものの、本来はすべての子どもが援助を必要としているというのが私の考えです。誰一人同じ子どもはいません。どの子も大なり小なり悩みは抱えているし、学校生活に十分満足しているわけではありません。

チーム援助のねらいは、「一人ひとりを大切にする教育の実現」なわけですから、ほんとはすべての子どもについて支援会議が開かれ、より充実した学校生活ができるよう援助できれば、それが理想なのだと思います。

でも、現実はそうではなく、「早くこの子をなんとかしたい」という子どものことで手一杯だと思います。

「問題を持っている子はいません」と自信をもつのではなく、「どの子も援助を必要としている」という視点を持ちたいものです。

(3) 二人からでもとにかくスタート

チーム援助が定着してくれば、その子にかかわりのある教員や保護者などがさっと集まり支援会議（コア援助チーム）を開くことができますが、最初からきちんとした形を整える必要はないと思います。

参加メンバーの都合のいい日をと考えていたらなかなか全員の都合がつかず、その間に子どもの状況はますます深刻になっていた、などということにもなりかねません。

個別支援の必要性を共有しあえる仲間をみつけ、担任と教育相談係二人だけでもいいので、できることから取り組むことが大切だと思います。

(4) 子どもの変容がチームの輪を広げていく

スタートをきれば、後はあきらめずに実践を積み重ねるのみです。どんなささやかな支援であってもそれを続けることで、子どもや親の姿に変容が見られます。そして、さらに新しい支援方法も浮かび支援の輪が広がっていきます。そうすることで、職場の中に個別対応の必要性が認識されるようになり、システムとして育ってくるように思います。

職員会にたくさんの資料を提示して他の先生方を説得するより、まずは「自分が動くこと」で周りの関心を集めることがチーム援助を広げる鍵になるようです。

(5) チーム支援には多くのメリットが……

チーム援助にはほんとにたくさんのメリットがあります。多角的な情報を整理して共有することで、子ども理解が深まり、子どもの望ましい発達を促すことができるだけでなく、学級・学年の問題をオープンにしやすい雰囲気が職場に生まれてきます。そうなると、ほんのちょっとでも気になる子の話題も出るようになり、早めの支援会議を開くことができます。問題が深刻化する前に手立てができれば、子どもにとっても我々にとっても大きなメリットです。

(6) 子どもたちの理解だけでなく

ただ、このシステムだけが一人歩きしてもいい結果が得られないということも事実です。複数の教員で子どもを見ていくのですが、分割して見ていくわけではありません。5人でサポートするのだからと、1人が5分の1の力しか出さなければ全員合わせても1の力にしかなりません。

チーム援助では、みんなが1ずつの力を出すことによって5の力になり、さらに相乗効果でそれが10になり20になるからこそ、濃いかかわりができるわけです。子どもとの関係も濃くなりますが、チームの教員同士のかかわりも、援助を通して濃いものとなっていきます。

最後に、チーム援助がうまくいくためには「助けられ上手の教師」になることが大切だと思います。

本校の教員歴27年の先生が新聞社の取材に対して、「以前はただ1人で一生懸命なだけだったけど、チーム援助を通して、ほかの先生に頼ってもいいんだなと思えるようになりました」という感想を話していましたが、それがあってこそのチーム援助だと思っています。

私たち自身が仲間から支えられ、そして、自分の問題にもきちんと目を向けられるようになること、それがなによりも大切になってきます。

田村・石隈式 【援助資源チェックシート】
(1997-2003)

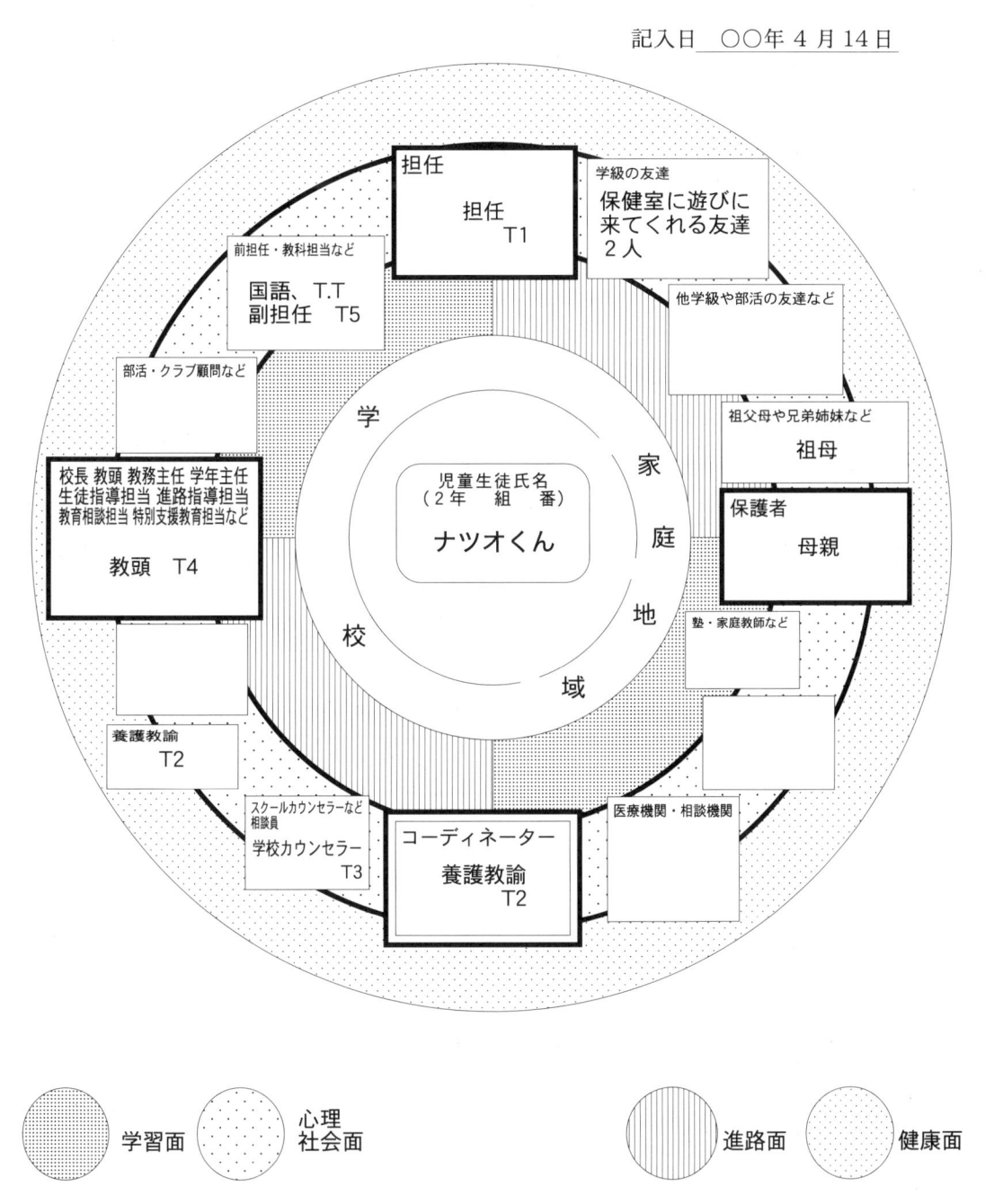

記入日　○○年4月14日

児童生徒氏名
（2年　組　番）
ナツオくん

学校　家庭　地域

担任
担任　T1

学級の友達
保健室に遊びに来てくれる友達　2人

前担任・教科担当など
国語、T.T
副担任　T5

他学級や部活の友達など

部活・クラブ顧問など

祖父母や兄弟姉妹など
祖母

校長 教頭 教務主任 学年主任
生徒指導担当 進路指導担当
教育相談担当 特別支援教育担当など
教頭　T4

保護者
母親

塾・家庭教師など

養護教諭
T2

スクールカウンセラーなど
相談員
学校カウンセラー　T3

医療機関・相談機関

コーディネーター
養護教諭
T2

○ 学習面　○ 心理社会面　○ 進路面　○ 健康面

参照：石隈利紀・田村節子著『石隈・田村式援助シートによるチーム援助入門―学校心理学・実践編―』図書文化
石隈利紀著『学校心理学―教師・スクールカウンセラー・保護者のチームによる心理教育的援助サービス―』誠信書房
©Ishikuma & Tamura 1997-2003

63

【石隈・田村式援助チームシート 標準】

実施日　：〇〇〇〇年4月14日（　）16時00分～17時15分 第2回
次回予定：〇〇〇〇年6月11日（　）16時00分～17時15分 第3回
出席者名：担任T₁, 養護教諭T₂, 学校カウンセラーT₃, 教頭T₄, T.T・副担任T₅

苦戦していること（新学期がスタートしたけれど、力尽きて登校できなくなってしまった　　　）

児童生徒氏名 2年 組 番 ナツオくん 担任氏名		学習面 （学習状況） （学習スタイル） （学力） など	心理・社会面 （情緒面） （ストレス対処スタイル） （人間関係） など	進路面 （得意なことや趣味） （将来の夢や計画） （進路希望） など	健康面 （健康状況） （身体面での訴え） など
情報のまとめ	（A） いいところ 子どもの自助資源	得意(好き)な教科・自信があるもの：算数, 体育 やりやすい学習方法：計算が好き 学習意欲：少人数や1対1ならできる	性格のいいところ：やさしい 楽しめることやリラックスすること：ぬりえ、ジグソーパズル 人とのつきあい方：保健室に遊びに来てくれる友だち	得意なことや趣味：テレビゲーム、オセロ 将来の夢や憧れの人： 役割・ボランティア： 進路希望：	体力や健康状況：目の下のくまがなくなった 健康維持に役立つこと：母親が協力的 清潔好き
	（B） 気になるところ 援助が必要なところ	成績の状況や学習の様子：大ぜいの中での学習は無理 苦手・遅れが目立つ教科：国語（特に漢字） 学習意欲：字を書くことをいやがる	性格の気になるところ：自信がなく、何かする時は必ず確かめる 気になる行動など：教室に行けない 人とのつきあい方：けんかしたあと仲直りができない	目標や希望の有無など： 進路情報：	心配なところ：疲れやすい こだわりや癖：思いこみが強い 気になる体の症状：
	（C） してみたこと 今まで行った, あるいは, 今行っている援助とその結果	遊びの要素がある学習には意欲をみせる	本人面接、遊び保健室登校ができるようになった	オセロなどの遊びを通して、自分に少し自信がもてるようになった	母親の面接、夜型の生活から朝型の生活リズムになりつつある
援助方針	（D） この時点での目標と援助方針	「この子どもにとって必要なこと、大事にしてほしいところ、配慮してほしいこと」等 ①保健室で学習の習慣をつける ②自信が持てる体験をさせ、意欲を高める ③母親の不安を和らげる			
援助案	（E） これからの援助で何を行うか	①算数の学習 ②遊びを通しての国語の学習	①保健室登校の受け入れ ②本人とのカウンセリング	①担任と遊ぶ時間を作る ②給食を食べる時に、保健室に遊びに来てくれる友達に来てもらう	①母親とのカウンセリング ②体力づくりと苦手意識のあるシャワーになれるためのプールでの遊び
	（F） 誰が行うか	①教頭T₄ ②T.T・副担任T₅	①養護教諭T₂ ②学校カウンセラーT₃	①担任T₁ ②友達	①学校カウンセラーT₃ ②養護教諭T₂
	（G） いつから いつまで行うか	①5月～ ②6月～	①4月～ ②5月～	①5月～ ②5月～	①5月～ ②6月～

参照：石隈利紀・田村節子著『石隈・田村式援助シートによるチーム援助入門―学校心理学・実践編―』図書文化
石隈利紀著『学校心理学―教師・スクールカウンセラー・保護者のチームによる心理教育的援助サービス―』誠信書房
©Ishikuma & Tamura 1997-2003

8　学校と適応指導教室が協力した実践

適応指導教室担当

1. ナツコさん(小4)の学校での様子

家族は、公務員の父親と看護師の母親、6歳上の姉4人家族。

とくにこれといった特別な原因も見当たらなかったのですが、1年生の早い時期から通常の登校が困難になり、別室登校を経て2学期には家庭にとじこもるようになりました。高校生となって登校しだした姉が、小学校3年から中学の3年間不登校だったせいもあったかもしれません。

3年生になってから学校を通じて教育研究所に相談があり、適応指導教室が家庭訪問指導を行うことになりました。その結果、月に1〜2度、父親の送り迎えが可能なとき適応指導教室に通うようになりましたが、全体的なプログラムの流れには入れませんので、個別でかかわっていました。

2. チーム援助に至るまでの経過

姉も長らく休んでいたことや、母親も仕事が激務の上に精神的にも疲れており、面談への意欲も消極的でした。またナツコさんも、当初は学校からのかかわりもなかなか受け入れられない状態でしたので、以前の担任の先生もかかわりづらく、学校との関係も疎遠になりがちでした。

4年生になり、姉が高校に入学して登校しだしたことで、家庭でももう少し何とかしてみたいという思いが出ました。そして、新しい学級担任と適応指導教室の子どもの担当者(以下「担当」)がともに教育相談の研修で、石隈先生による保護者を交えての支援会議のロールプレイを経験していたこと、また担任には何とかナツコさんとつながっていきたいという強い思いがあったことなどがあって、担任からの積極的な呼びかけで、学校と保護者と適応指導教室の担当の三者による支援会議をスタートさせることになりました。

これまで、担任と保護者、保護者と担当、担任と担当という二者間での話し合いはなされてきたのですが、保護者を交えた三者での支援会議は初めてでした。保護者への意思確認は、昨年から人間関係のある適応指導教室の担当が、担任の思いを母親に伝えながら行いました。また支援会議は初めての試みでもありますので、母親の精神的な負担も考えて、今回は学校関係は担任、適応指導教室は子どもの担当者、そして母親の3人をコアチームとした支援会議として進めていきました。

3. 援助チームによる援助の実際

(1) 第1回支援会議（4月29日午後4時～6時 学校の会議室）とその後のナツコさんの変化

第1回の支援会議（援助チームシート参照）では、これまでの経過や支援会議の意義について確認するとともに、母親からはナツコさんの家庭での状態、担当からは家庭訪問したときの様子、担任からはナツコさんに向けてのクラスでの取り組みやクラスの子どもたちの様子、それにたとえクラスに身体はいなくても同じクラスの一員として大事に考えたいという思いを子どもたちに伝えて、ナツコさんのことを大事にしながら学級運営を始めていることなどを伝えました。

母親は、それまで何となく疎遠な気分や自分の無力感なども感じていたということで、担任の思いに触れて涙を流し、希望を持ったようでした。

また学習面や成績表の扱いについても話し合われました。そして、ナツコさんがすぐに登校できるようにはならないかもしれないが、学校にいてもいなくてもナツコさんのことを三者で大事に見守っていこうという確認がされました。

その後ナツコさんは、家庭で比較的安定して過ごすようになり、誘われたり連れて行かれたら行くといった消極的な形の適応指導教室への通所はなくなりました。安心して家にいていいという雰囲気を感じたようでした。

担当は週一回の家庭訪問を続け、ゲームをしたり遊んだりおしゃべりをするなどしましたが、以前に較べ穏やかで安定した雰囲気を感じました。また根気のいる活動ができるようになっていることにも気がつきました。

担任は、ナツコさんのことを、家庭訪問をしたときの様子などことあるごとにクラスの子どもたちに話し、学校に来ていなくても仲間なんだ、友達なんだということを積極的に伝えました。その中から幼稚園のころ仲のよかった友達などが、学級通信や学校行事への誘いかけの手紙などを届けてくれるようになり、そのついでに一緒に遊んだりしました（ただしナツコさんが友達関係に不慣れなため、大変気を遣って疲れている様子に気がついた友達が、数回目からは遊ぶのを控えるようになりました）。

(2) 第2回支援会議（7月16日午後4時～6時 学校の会議室）とその後のナツコさんの変化

第2回支援会議は1学期の末に行われ、1学期を通してそれぞれから見たナツコさんの成長を軸に話し合いました。

その後、夏休みを過ぎてから2学期にかけて、ナツコさんの行動面での変化が大きく現れてくるようになりました。

まず1学期はほとんど来ることのなかった適応指導教室にやってきました。毎週一緒に過ごしている担当にとっては分かりにくかったのですが、適応指導教室の他の担当から見ると、ナツコさんが大変成長している様子が見えました。表情に自信と安定感が見え、一本筋が通ったような印象がありました。他の子どもや集団に対するかかわりが苦手だったのが、あまりこだわりを感じさせなくなって

いました。また担当との話の中で、将来への希望や学習のことも話し、学習のための訪問日をもう1日作ろうということになりました。

また10月には海辺での適応指導教室の宿泊体験活動に参加しました。その数日後、適応指導教室の運動遊びの時間に跳び箱に挑戦して高い跳び箱が跳べたこともあってか、「学校の体育館で跳び箱を跳んでみたい」と言い出しました。そして翌週の放課後、担当と一緒に学校に行き、担任に見守られながら跳び箱を跳びました。3年ぶりに自分から行った学校でした。

登校したのはそれだけでしたが、学校からの秋の遠足の誘いには、どうしようかと迷う様子が見られました。その日は別の事情があって参加できなかったのですが、以前は学校のことはぜんぜん違う世界の出来事といった感じで、迷うどころでもなかったことから考えると、学校が身近に感じられてきたようでした。

11月には適応指導教室の文化祭があり、イラストを出品しました。その折、担任が見学に来てくれナツコさんはとても喜んでいました。またこのころから自宅のパソコンで絵を描いたり、担当とメールのやりとりをするようになりました。

(3) 第3回支援会議(12月19日午後4時〜6時　学校の会議室)とその後のナツコさんの変化

2学期末の第3回支援会議(援助チームシート参照)では、いつものようにそれぞれから見た現状確認と今後の支援に向けての話し合いを持ちました。その翌日、学期末のお楽しみ会でクッキーを焼いたグループが、ナツコさんにクッキーとクラスのみんなの手紙も届けたいということになり、多くの希望者の中から代表の子が届けることになりました。けれども途中でどぶに落ちてしまい、クッキーもだめになったために届けることができなかったのですが、その話を担当から聞いたナツコさんは「私も人気者だね」といって喜びました。

2学期の家庭訪問は、家の中で担当とおしゃべりしたり、パソコンをすることが中心になっていましたが、3学期になってからは、家を出て屋外で過ごすことが多くなりました。一時間ほど散歩をして、歩きながら家族のことや将来のことなどずっとおしゃべりをするということもありました。

2月になると担当と自転車で通所する練習をし、お姉さんが高校の試験休みの日などに一緒に自転車で適応指導教室に来るようになりました。他の子どもとかかわることが苦手だったのに、同学年の子と楽しくかかわったり、リラックスして教室で過ごせるようになり、教室内でお弁当を食べることもできるようになりました。

3学期になってしばらく学習をしていなかったので、また一緒にやってみないかと誘うと、「それはもうちょっと待ってて」と明快に答えるなど、はっきりした意思表示ができるようになってきました。

4．連携を振り返っての考察

(1) チーム援助と子どもの成長(自己形成)について

本ケースを登校したかどうかでみると、放

課後の1回の登校だけでしたが、ナツコさん自身の成長（自己形成）という点からみると、大変大きな進歩があったことが分かります。学校との関係が縁遠く、自分自身に自信を持てなかった状態が、第1回の支援会議の直後から安心して家庭で過ごすことができるようになりました。その後、主体的な意思の高まりや学習や集団につながろうとする意欲などの自己形成に向けての望ましい動きが展開されていっています。

本ケースは、低学年時からの慢性的な不登校でしたが、別のケースでは、学校とのつながりもまだ強いこともあって、一回の支援会議の後にぐんぐん状態がよくなり、三者で立てた復帰プログラムにそって早期に学校復帰が実現できました。その場合もナツコさんのときと同じように、支援会議を持った直後から、本人の安定感、程よい自己主張、他者との応答関係の改善といった、よりよい自己形成が進んでいく要素がよく見られています。

このことは、今回チームに参加したそれぞれ全員のメンバーが一番大きな感想として述べた「自分自身が安心してかかわれた」ということと深く関係していると思います。

チームでの協力体制がないと、登校できない自分、登校させることのできない親、登校させることのできない担任・担当はだめなんだと、それぞれが思ってしまいがちになります。

しかし、このケースのように、登校していなくてもクラスの大切な子どもであるという共通認識、登校には至っていなくても、それぞれのかかわりがより良い自己形成としての心理的な成長につながっているという共通認識を持てたことで、それぞれのメンバーが安心してあせらずにナツコさんを支援できることにつながっていきました。そして、そのことがナツコさんの実存を安定させ、成長する力を高めていったと思われます。そこからナツコさんが学習や人間関係や学校というものを、与えられこなさなくてはならないものとしてではなく、自分からそれを選びとっていこうとする流れが出てきています。

適応指導教室など三者機関がかかわる不登校の子どもへのチーム援助の積極的な意義としては、まずこの点がいえるのではないでしょうか。

(2) 三者でのチーム形成について

一般に、適応指導教室がかかわるケースでは、不登校になってからの時間が長期化している、学校との関係が難しくなっている、子どもに対しての責任感が分散してしまうなどの要素が見られます。したがって、チーム形成に当たってはそれだけの難しさがあり、配慮が必要とされます。そこで一足飛びに三者での支援会議に進むことが難しい場合も多いものです。そのため適応指導教室と保護者、適応指導教室と学校との一対一の関係をつなぎながら、徐々に三者関係を構築していくことが求められます。

それぞれに大変な作業ではありますが、三者での協力関係が形成されますと、その土台の上で子どもの心理的な成長が飛躍的に進んでいきますので、大変重要なことだと思います。

このケースでは、とくべつな事情から支援会議に参加するメンバーを限定して行いましたが、もう一方のケースでは、学校関係は担任と養護教諭、管理職、前担任で、適応指導教室関係も二名の参加で行いました。また登校が近くなったり、再登校段階に入った場合は具体的な復帰プログラムを立てたり、学級や学校全体の受け入れ態勢などの支援体制作りのため、支援会議がさらに重要になってきます。

不登校の場合、登校できるようになるかどうかは支援者の努力だけではどうしようもない場合もあります。しかし子どもが育つ環境としての三者でのより良い関係作りについては、努力すれば実現可能ですし、教育者としての責任の一環であるとも言えます。その時、お互いがお互いを責め合うことなく、前向きに事態受け止めていく手段として、援助シートは大変役に立つと思います。

(3) その後のナツコさんの様子

5年生になるとクラスも変わり担任も転出しましたので、いったん昨年度のチームは解散して新しいチームを作ろうということになりました。

家庭ではマンガが好きでよく描いているのですが、セリフに使う漢字の学習をしたり、自分から進んで勉強しようとする姿勢が見えるようになりました。また子犬を飼って世話を始め、そのために夜遅くなっていた生活習慣を改めようと心がけています。ハリーポッターをきっかけにして今まであまり読まなかった活字の本を次々と読むようにもなっています。

適応指導教室では自発的な週一回の通所が定着するようになり、文化祭での製作物の発表で他の教員にかかわったり、自分の方から他の生徒に話しかけるような積極性が見られるようになりました。そして、6月になって初めて担任の誘いに応じて給食を食べに別室登校をし、学校のあちらこちらを見て帰ることができました。

このようにナツコさんの成長(自己形成)の流れは続いています。三者によるチームは子どものより良い成長を支えました。それは、仮に学校という場所にいることができない間でも、担任や学校が子どもの主体的な自己形成(それは将来その子どもがより豊かに生きていくためにもっとも必要な力です)を支えていくための教育的な資源としての力を発揮できることを示していると思います。

田村・石隈式（1997-2003）【援助資源チェックシート】

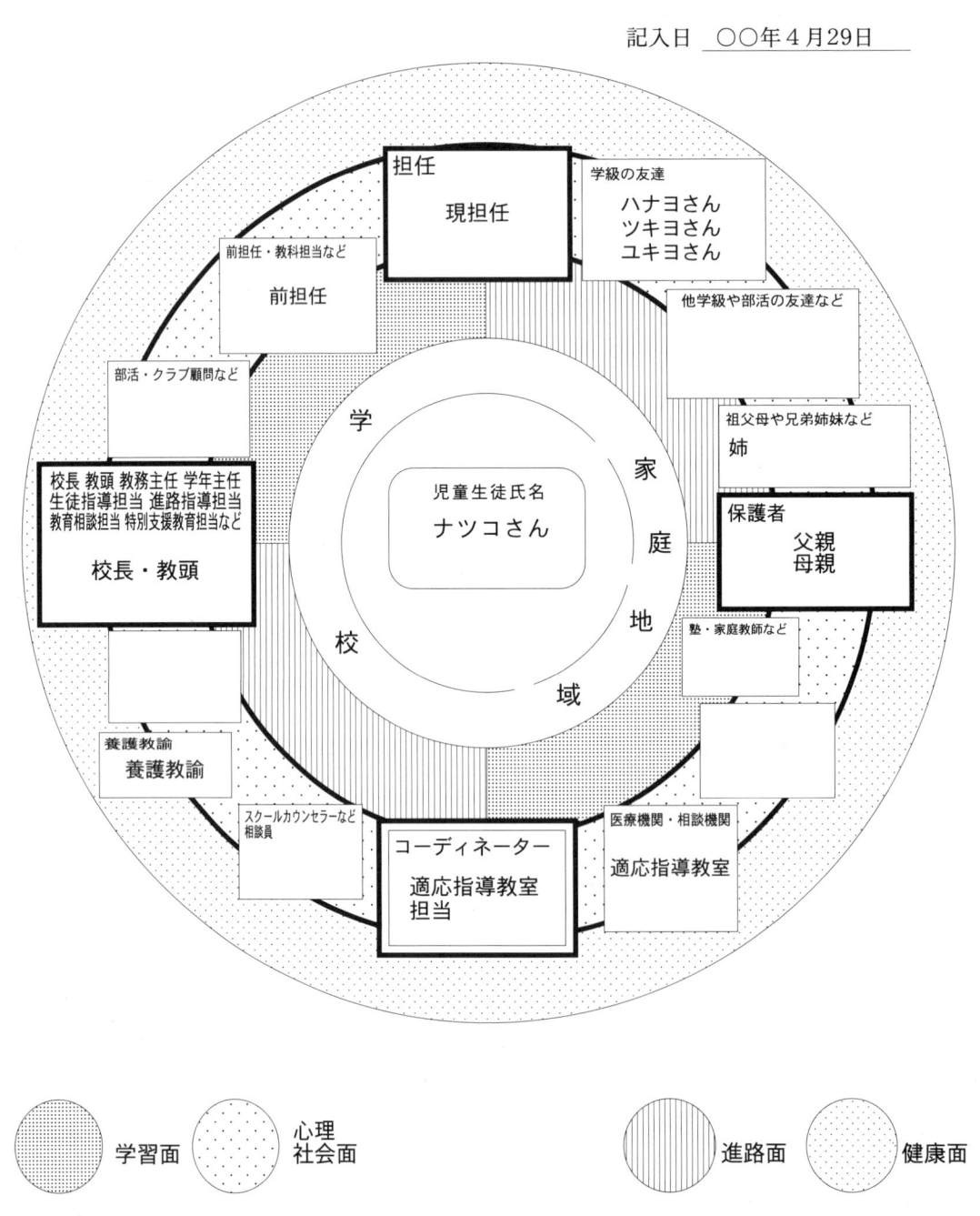

記入日　〇〇年4月29日

中心：児童生徒氏名　ナツコさん

領域：学校／家庭／地域

担任：現担任
学級の友達：ハナヨさん、ツキヨさん、ユキヨさん
前担任・教科担当など：前担任
他学級や部活の友達など
部活・クラブ顧問など
祖父母や兄弟姉妹など：姉
校長 教頭 教務主任 学年主任 生徒指導担当 進路指導担当 教育相談担当 特別支援教育担当など：校長・教頭
保護者：父親、母親
塾・家庭教師など
養護教諭：養護教諭
スクールカウンセラーなど相談員
コーディネーター：適応指導教室担当
医療機関・相談機関：適応指導教室

凡例：学習面／心理社会面／進路面／健康面

参照：石隈利紀・田村節子著『石隈・田村式援助シートによるチーム援助入門―学校心理学・実践編―』図書文化社
石隈利紀著『学校心理学―教師・スクールカウンセラー・保護者のチームによる心理教育的援助サービス―』誠信書房
©Ishikuma & Tamura 1997-2003

【石隈・田村式援助チームシート 自由版】　実施日　：○○年4月29日　4：00～6：00　　第1回
次回予定：○○年7月16日　4：00～6：00　　第2回
出席者名：母親・学級担任・適応指導教室担当

苦戦していること（不登校・家庭からほとんど出ない　　　　　　　　　　　　　　　　　）

児童生徒氏名 年　組　番 ナツコさん 担任氏名 S		学習面 （学習状況） （学習スタイル） （学力） など	心理・社会面 （情緒面） （ストレス対処スタイル） （人間関係） など	進路面 （得意なことや趣味） （将来の夢や計画） （進路希望） など	健康面 （健康状況） （身体面の様子） など
情報のまとめ	（A） いいところ 子どもの自助資源	知的に劣った感じではない	やさしい	漫画を書くこと	とくに目立った問題点はない
	（B） 気になるところ 援助が必要なところ	学習にまったく手をつけない	家族と適応指導教室の担当以外とはほとんどかかわらない		昼夜逆転の生活
	（C） してみたこと 今まで行った，あるいは，今行っている援助とその結果	両親や担当が勧めたが受け付けない	両親と適応指導教室担当の勧めにより、時折通所する		
援助方針	（D） この時点での目標と援助方針	①登校にこだわらず、B子を認めて積極的な気持ちを持たせること ②そのためにそれぞれが受容的な態度でB子にかかわっていく			
援助案	（E） これからの援助で何を行うか		①家庭訪問したり学校の手紙などを届ける ②家庭訪問で時間をかけたゆっくりしたかかわりをしていく	①漫画や好きなことなどの話を聴いてやる	①食事や生活リズムに心がけて声をかけていく
	（F） 誰が行うか		①担任・クラスメイト ②適応指導教室担当	①両親・担任・担当	①両親
	（G） いつからいつまで行うか		①当面今学期中	①当面今学期中	①当面今学期中

参照：石隈利紀・田村節子著『石隈・田村式援助シートによるチーム援助入門―学校心理学・実践編―』図書文化社
　　　石隈利紀著『学校心理学―教師・スクールカウンセラー・保護者のチームによる心理教育的援助サービス―』誠信書房　ⒸIshikuma & Tamura 1997-2003

田村・石隈式（1997-2003）【援助資源チェックシート】

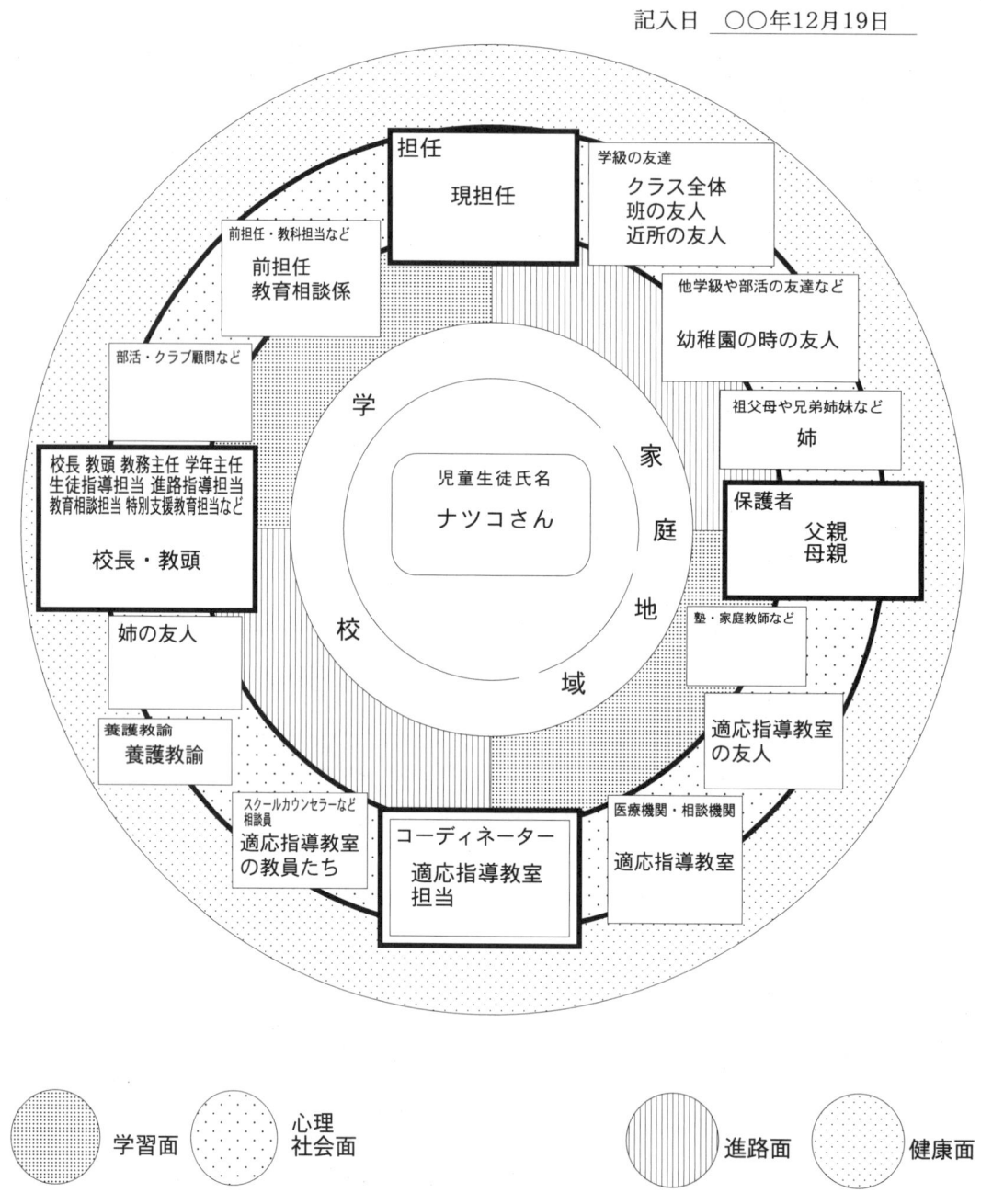

記入日　〇〇年12月19日

```
                担任
                現担任             学級の友達
                                  クラス全体
         前担任・教科担当など         班の友人
         前担任                   近所の友人
         教育相談係
                                  他学級や部活の友達など
         部活・クラブ顧問など         幼稚園の時の友人

                        学
                                   祖父母や兄弟姉妹など
                                   姉
   校長 教頭 教務主任 学年主任
   生徒指導担当 進路指導担当      家
   教育相談担当 特別支援教育担当など                保護者
   校長・教頭          児童生徒氏名            父親
                    ナツコさん              母親
                        校
                             庭
         姉の友人
                        地
                             域          塾・家庭教師など
         養護教諭
         養護教諭                          適応指導教室
                                         の友人

         スクールカウンセラーなど
         相談員           コーディネーター    医療機関・相談機関
         適応指導教室       適応指導教室      適応指導教室
         の教員たち        担当
```

○学習面　　○心理社会面　　⦚進路面　　○健康面

参照：石隈利紀・田村節子著『石隈・田村式援助シートによるチーム援助入門―学校心理学・実践編―』図書文化社
　　　石隈利紀著『学校心理学―教師・スクールカウンセラー・保護者のチームによる心理教育的援助サービス―』誠信書房
　　　　　　　　　　　　　　©Ishikuma & Tamura 1997-2003

【石隈・田村式援助チームシート 自由版】 実施日：○○年12月19日 4：00～6：00 第3回
次回予定：○○年2月 第4回
出席者名：母親・学級担任・適応指導教室担当

苦戦していること（家庭にとじこもる　　　　　　　　　　　　　　　　　　　　　　　　　　　）

児童生徒氏名 年組番 ナツコさん 担任氏名 S		学習面 (学習状況) (学習スタイル) (学力) など	心理・社会面 (情緒面) (ストレス対処スタイル) (人間関係) など	進路面 (得意なことや趣味) (将来の夢や計画) (進路希望) など	健康面 (健康状況) (身体面の様子) など
情報のまとめ	(A) いいところ 子どもの自助資源	学習に積極的な気持ちが持てた（学習のための訪問日）	跳び箱を跳びに登校した 適応指導教室の文化祭に担任が見に来てくれて喜ぶ	適応指導教室の文化祭にイラストを出品した パソコンでイラストが描ける	自分の意思で生活リズムを変えようとすることができる
	(B) 気になるところ 援助が必要なところ	同学年に比べると学習内容が少ない			
	(C) してみたこと 今まで行った，あるいは，今行っている援助とその結果	適応指導教室担当が中心になって、基礎的な学習を行った	家で安心して過ごしたことで、その後適応指導教室での人間関係に積極性が見られた	気持ちを大事にしてかかわることで、将来に向けて学習をしようという気持ちが持てた	それぞれのかかわりにより、昼夜逆転生活はかなり改善された
援助方針	(D) この時点での目標と援助方針	前向きになっている気持ちがさらに安定し、適応指導教室や学校との人間関係が深まっていくよう支援していく。			
援助案	(E) これからの援助で何を行うか	基礎学力回復に向けた家庭訪問での学習を進める	本人を理解し認めていくかかわり	ナツコさんとの親密な関係作りや情報提供のための家庭訪問	安定通級が可能になるような生活の維持
	(F) 誰が行うか	担当	両親 担任 担当	担任 担当	両親
	(G) いつからいつまで行うか	3学期中	3学期中	3学期中	3学期中

参照：石隈利紀・田村節子著『石隈・田村式援助シートによるチーム援助入門―学校心理学・実践編―』図書文化社
石隈利紀著『学校心理学―教師・スクールカウンセラー・保護者のチームによる心理教育的援助サービス―』誠信書房 ©Ishikuma & Tamura 1997-2003

9 場面緘黙で教室に居られない子どもとのかかわり

スクールカウンセラー

1. アキコさん(小6)の学校での様子

　アキコさんが6年生になったときに、本校に初めてスクールカウンセラーが導入され、筆者が配属されました。

　アキコさんのことは、校長、教頭、担任、養護教諭などから以下のような説明があり、それぞれに試行錯誤しながら対応に苦慮していました。

　5年生で転校してきたアキコさんは、学校では一言もしゃべりません。気になることがあると、教室から出て行ってしまい、学校中を逃げ回ります。教員が教室に連れ戻そうと手を引くと、体を斜めに傾け手足も固めた姿勢で歩き、時には自分の手を靴で踏みつけたり、頭を壁に自らぶつけたりすることもあるということです。

　勉強の理解は悪くなく、図工が好きで、一生懸命作品を作ります。しかし、自分の思ったように完璧にできないと、テスト用紙やノートや作品をぐちゃぐちゃにしてしまう、ということでした。

　アキコさんは5年時に学校の勧めで小児精神科専門病院を受診し、その結果も学校に知らされていました。診断名がつくほどの障害は認められないということでした。その診断書に検査結果が書かれてはいますが、家庭や学校でどう生かしてよいのか理解できず、結局そのまま通院を続けることはなかったようです。

　5年生3学期からは、隣の小学校にある「情緒障害児通級教室」(以下情緒学級と記す)に週1日通っています。ある時、担任と校長が情緒学級を見学に行き、非常にショックを受けて帰ってきました。学校で見せている姿と全く別のアキコさんがいました。情緒学級では、言葉も発し積極的に活動していたのです。

　アキコさんは6年生の7月頃から、教室に居られない時間が増えてきました。9月には、ほとんど教室に居られない日や、欠席する日も出てきました。担任が対応しきれないときは、校長を中心に動ける教員が逃げ回るアキコさんに付き合いながら、教室や校長室に戻すようにしていました。

　その回数が増えてくると、教員間でその対応についてさまざまな考え方が出されるようになりました。対応する人によってアキコさんに要求するものが違い、どうかかわってよいのか、教職員間で戸惑いが大きくなったのです。

2. 第1回目のシート記入とその後のかかわり

　スクールカウンセラーは、何度か母親と面接をしました。教職員とは、個々に話してその対応を相談していたのですが、それぞれの考え方の微妙な違いが、みんなの動きを有効に働かせていないように感じました。

　筆者はこの時、アキコさんを支えてくれている援助資源をまとめてみました（援助資源チェックシート）。また、アキコさんの全体像を確認するため、「援助チームシート標準版」に今までに得た情報をまとめてみました（9月17日のシート）。

　「情報のまとめ」の各項目に記入してみて改めて気づいたことは、「心理・社会面」のいいところと、「進路面」の全項目に書き込むことがすぐに考えつかないことでした。アキコさんがのびのびと自分を出せるような場面が、学校にはないのかもしれません。アキコさんの良さ（自助資源）を生かすという観点が足りなかったことに気づきました。それを踏まえて、「援助案」の項目の「これからの援助で何を行うか」までを考えてみました。

　教員からもアキコさんへの対応の共通認識がほしいという意見が聞かれ、9月にアキコさんへの対応を検討する機会を設けることになりました。教員の校務分掌には「教育相談部会」があり、低中高学年から各1名と養護教諭で構成されています。そこに、担任と校長・教頭・スクールカウンセラーも加わり、アキコさんの事例検討を部会の中ですることになりました。部会では、筆者は前記の「援助チームシート標準版」を基に、基本的な考え方を提案しました。そして、部会の席で検討され合意されたことは、次のようなことです（9月17日のシート「援助案」の項目）。

　アキコさんは、安心できるところ（家庭や情緒学級）では積極的な活動ができるので、学校の中には安心できる居場所がないのであろう。まずは、安心できる居場所と安心できる人を確保する。勉強はそこでできる範囲のことをする。教室へ無理に行かせないことを本人に伝える。その場所で安定できるようになったら、かかわる人を増やせるように、その場所に少しずつほかの人が入っていくようにする。その後、教室へも少しずつ行けるように働きかけていく。教員は、卒業までに中学校でアキコさんが困らない程度にしておくという目標のもとで働きかけてきましたが、とりあえずその目標は保留しておき、今の本人の状況に合った働きかけをしていこう、と確認し合いました。

　そして、アキコさんに対して次のような役割分担をしました。

　安心できる居場所として視聴覚準備室を使う。そこで主に対応するのは、嘱託職員のA先生にお願いし、可能な範囲でアキコさんと一緒に視聴覚準備室で過ごし、パソコンの好きなアキコさんと、パソコンを使って会話してみる。担任は必ず毎日この部屋に顔をだす。学習の課題を出し、できたところをチェックする。校長やスクールカウンセラーもアキコさんと遊んだりおしゃべりしに行く。

　周りの援助資源への働きかけは次のような

分担です。

　クラスの友達や情緒学級との連絡は担任がする。母親へは担任から方針を説明する。教育相談部会から他の教職員に対応方針を伝え、協力してもらう。カウンセラーは母親との面接を毎週続ける。情報をまとめ、全体をまとめるコーディネーターは校長がする。

　アキコさんは、毎日登校するとすぐにこの部屋に行きました。じきにパソコンを使いA先生と短い会話を始め、楽しそうにパソコンで遊びました。担任から出されたドリルで勉強も少しずつ始めました。ドリルでは、結果が合っているかどうかを非常に気にして、頻繁に正解を知りたがります。A先生が別な仕事がある時間は、一人でドリルをしたり、絵を描いたりします。

　担任は、アキコさんと交換ノートを始めました。校長も毎日何度か視聴覚準備室に行き、アキコさんに声をかけました。スクールカウンセラーは、一緒に絵を描いたりお手玉をして遊びました。A先生へは校長とスクールカウンセラーがアドバイスしました。

3. 第2回目のシート記入とその後のかかわり

　10月下旬のある日、アキコさんはついに校長に一言言葉を発したのです。その1週間ほど前から、アキコさんは話したいことがあると、机に指で文字を書くようになっていましたが、校長が「しゃべっちゃえよ」といったところ「みかん」の一言が出たそうです。その話は、教職員やスクールカウンセラーだけでなく、情緒教室の教員にも伝えられ、皆で感激してしまいました。

　その後、A先生、担任、スクールカウンセラーと次々にアキコさんは話を始めました。蚊の鳴くような小さな声でささやきます。アキコさんを含む複数での会話になると、アキコさんはどの人にも気遣った動きを見せました。

　ここで筆者は再度援助チームシートの「情報のまとめ」の項目に記入してみました（10月27日の援助チームシート）。

　そこで感じたことは、今まで問題行動にばかり目が行き、見えなかったアキコさんの性格が見えてきたことです。学習では、失敗を受け入れられない気持ちが強いこと、対人関係では、周りの人のバランスを取ろうと気遣いをすること、頑固であるが、相手に優しく気遣いをし、けっして周りへ攻撃的な言動は示さないこと、などです。

　母親の情報から、家では何事も1番にならないと気がすまないため、家族がかなり配慮しているということです。思うようにならないとき、自分の感情を表現し処理するところがうまくできず、極端な反応にならざるを得ないのかと改めて感じました。

　次の教育相談部会では情報を寄せ合い、新たな援助の方針と具体的な役割分担を話し合いました（10月27日の援助チームシート「援助方針」「援助案」の項目）。友達が視聴覚準備室に行く用事を作る、A先生と一緒に授業に出てみるなど、新しい働きかけを始めることになりました。スクールカウンセラーも視聴覚準備室でなく、相談室でアキコさんと毎週30

分間話すようにしました。

　この後、このような部会は2回開かれました。

　卒業までにアキコさんは、クラスの友達と話すことはできませんでしたが、教室で落ち着いて授業に参加するようになりました。卒業式では皆の前で、一言の抱負を話すことができ、大人はまた感激を分かち合うことができたのです。

4．援助チームシート利用の意味

　この事例は、チーム援助の際に、チームの情報共有・協議のために使用される「石隈・田村式援助チームシート」を、スクールカウンセラーが自分の整理のために使用したものです。それをもとに、チームに働きかけたわけです。

　シートをチームに提示しなかった理由は、一つはスクールカウンセラーがこの学校に配置されてまもなくのケースであったため、教員の馴染みやすい方法で話し合いを進めるほうが、抵抗が少ないと感じたためです。もう一つは、コーディネーターの校長がこまめに情報交換基地の役割を果たしたため、チーム内で情報の共有がなされていたためでもあります。

　筆者は、シートの構造化された書式とまとめは、混沌とした問題状況を整理するのに非常に役に立つと実感しています。チームのメンバーがシートをもとに作戦会議(石隈・1999)を開ける状況になくても、その内容をメンバーに伝えることができれば、利用するメリットはかなりあるのではないかと感じています。

田村・石隈式【援助資源チェックシート】

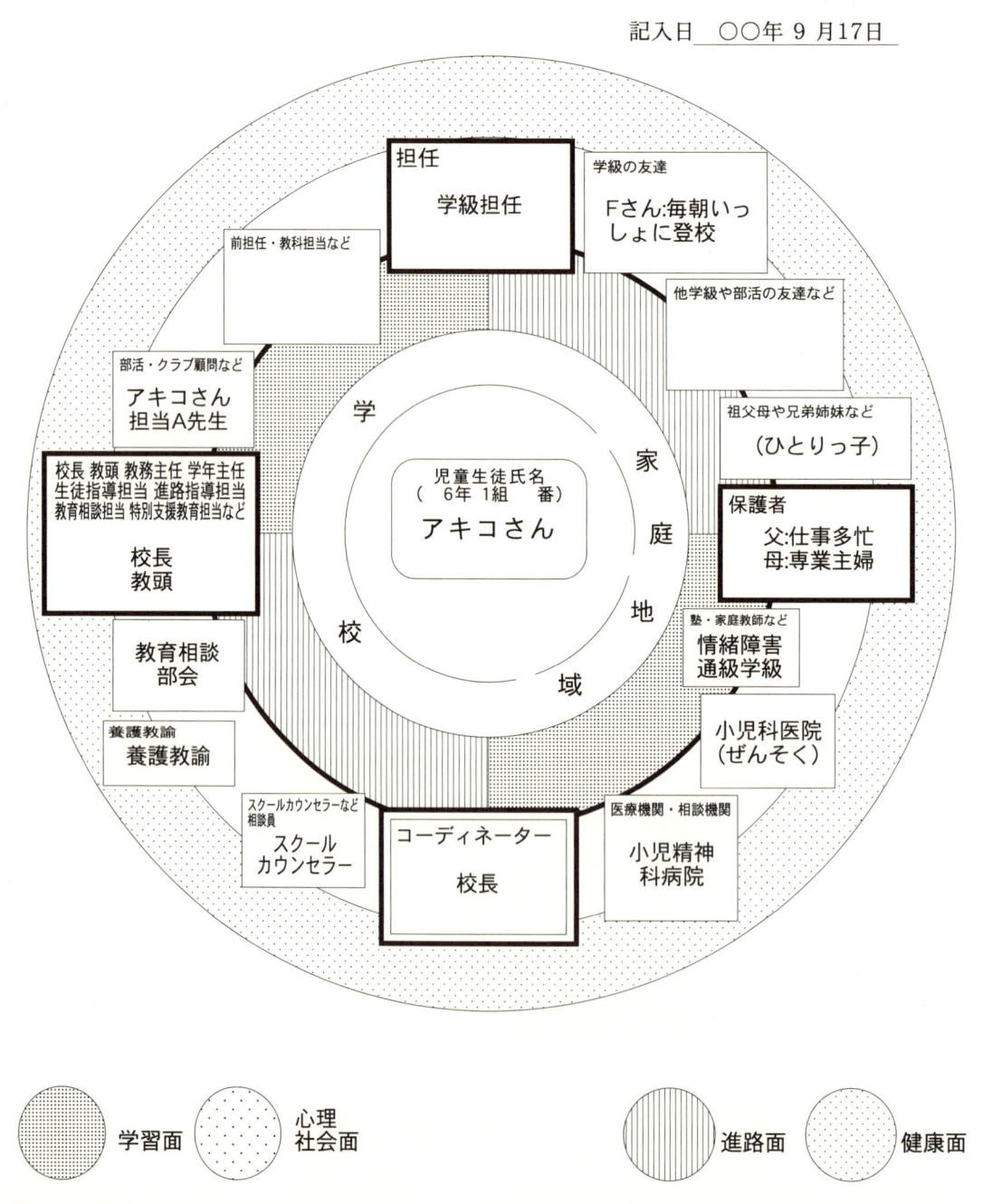

記入日　○○年 9 月17日

児童生徒氏名
（ 6年 1組　番）
アキコさん

担任
学級担任

学級の友達
Fさん:毎朝いっしょに登校

前担任・教科担当など

他学級や部活の友達など

部活・クラブ顧問など
アキコさん
担当A先生

祖父母や兄弟姉妹など
（ひとりっ子）

校長 教頭 教務主任 学年主任
生徒指導担当 進路指導担当
教育相談担当 特別支援教育担当など
校長
教頭

保護者
父:仕事多忙
母:専業主婦

教育相談
部会

塾・家庭教師など
情緒障害
通級学級

養護教諭
養護教諭

小児科医院
（ぜんそく）

スクールカウンセラーなど
相談員
スクール
カウンセラー

コーディネーター
校長

医療機関・相談機関
小児精神
科病院

学校　家庭　地域

○ 学習面　○ 心理社会面　○ 進路面　○ 健康面

参照： 石隈利紀・田村節子著『石隈・田村式援助シートによるチーム援助入門―学校心理学・実践編―』図書文化
　　　石隈利紀著『学校心理学―教師・スクールカウンセラー・保護者のチームによる心理教育的援助サービス―』誠信書房
　　　　　　　　　　　　　©Ishikuma & Tamura 1997-2003

【石隈・田村式援助チームシート 標準版】 実施日 ：○○年9月17日( )　　第1回
次回予定：○○年　月　日( )　　第2回
出席者名：

苦戦していること(場面緘黙、教室に居られない　　　　　　　　　　　　　　　　　)

児童生徒氏名 6年　組　番 アキコさん 担任氏名 G先生	学習面 (学習状況) (学習スタイル) (学力) など	心理・社会面 (情緒面) (ストレス対処スタイル) (人間関係) など	進路面 (得意なことや趣味) (将来の夢や計画) (進路希望) など	健康面 (健康状況) (身体面での訴え) など
スクールカウンセラーが見た情報のまとめ　(A)　いいところ　子どもの自助資源	得意(好き)な教科・自信があるもの： やりやすい学習方法：家庭や情緒学級では学習できる 学習欲：気持ちが安定していればまじめにやる	性格のいいところ： 楽しめることやリラックスすること： 人とのつきあい方：毎朝同じ友達と一緒に登校する	得意なことや趣味 パソコン 将来の夢や憧れの人： 役割・ボランティア： 進路希望：	体力や健康状況： 健康維持に役立つこと：
(B)　気になるところ　援助が必要なところ	成績の状況や学習の様子： 教室にずっといられない 苦手・遅れが目立つ教科： 教科による違いはない 学習欲：いい点をとりたいという気持ちが強い	性格の気になるところ　対人緊張 自罰傾向、固執 気になる行動など：場面緘黙、 教室に居られない 人とのつきあい方：学校では関係が深まらない	目標や希望の有無など： 進路情報　中学ではより不適応になるのではないか	心配なところ： 体が細く、小柄 こだわりや癖： 自傷行為 気になる体の症状 ぜんそく
(C)　してみたこと　今まで行った、あるいは、今行っている援助とその結果	校長室での個別学習 →教室より良いが困難なことも多い	教室から逃げ出したら教職員が個別対応 →元に戻るのに時間がかかる	卒業までに、教室で授業に参加できるようにする →状況が改善しない	
援助方針　(D)　この時点での　目標と援助方針	「この子どもにとって必要なこと、大事にしてほしいところ、配慮してほしいこと」等 ①安心していられる居場所づくり、人間関係づくり ②本人の状況に応じた要求を、安心できる人から出す			
教育相談部会で合意した援助案　(E)　これからの援助で何を行うか	①個別指導 ②情緒学級との情報交換	①安定した、安全な場所と人の提供 ②パソコンを使い会話 ③母親との情報交換	中学校で適応できるようにするという目標は、とりあえず保留し、今の本人の状況に合ったはたらきかけをする	自傷行為は減ると思われるが、始まったら止めてみる
(F)　誰が行うか	①はA先生。課題は担任が出す ②は担任	①はA先生を中心に、担任、校長、スクールカウンセラー ②はA先生 ③は担任、スクールカウンセラー		
(G)　いつから　いつまで行うか	今から、本人が教室に戻るまで	①今から教室に戻るまで ②言葉が出るまで ③ずっと		

参照：石隈利紀・田村節子著『石隈・田村式援助シートによるチーム援助入門―学校心理学・実践編―』図書文化
　　　石隈利紀著『学校心理学―教師・スクールカウンセラー・保護者のチームによる心理教育的援助サービス―』誠信書房
　　　　　　　　　　　　　　　　©Ishikuma & Tamura 1997-2003

【石隈・田村式援助チームシート 標準版】 実施日 ：○○年10月27日（ ）　　　第2回
次回予定：○○年　　月　　日（ ）　　　第3回
出席者名：

苦戦していること（特定の場所・人としか話したり、活動できない　　　　　　　　　　　　　　　　）

児童生徒氏名 6年　組　番 アキコさん 担任氏名 G先生	学習面 （学習状況） （学習スタイル） （学力） など	心理・社会面 （情緒面） （ストレス対処スタイル） （人間関係） など	進路面 （得意なことや趣味） （将来の夢や計画） （進路希望） など	健康面 （健康状況） （身体面での訴え） など
スクールカウンセラーが見た情報のまとめ　（A）いいところ　子どもの自助資源	得意（好き）な教科・自信があるもの：図工　やりやすい学習方法：個別学習　学習意欲：勉強はいやながらずまじめにやる	性格のいいところ：人に気づかいができる　楽しめることやリラックスすること：絵を描く　人とのつきあい方：とても親しくなれば学校でも話せる	得意なことや趣味：絵を描く　将来の夢や憧れの人：　役割・ボランティア：　進路希望：	体力や健康状況：　健康維持に役立つこと：
（B）気になるところ　援助が必要なところ	成績の状況や学習の様子：間違うことをとても嫌がり正解を見たがる　苦手・遅れが目立つ教科：作文　学習意欲：納得できないと紙を破りそこでやめてしまう	性格の気になるところ：がんこ　失敗を恐れる　気になる行動など：特定の所以外では話さない　人とのつきあい方：周りの人の様子をとても気にする	目標や希望の有無など：　進路情報　中学生活に適応できるのだろうか	心配なところ：　こだわりや癖：　気になる体の症状　時々ぜんそくの様な呼吸をする
（C）してみたこと　今まで行った、あるいは、今行っている援助とその結果	個別、別室指導は効果的	安心できる場所と人を保証すること→そこでは言葉を出せる	中学生活に適応できるようにするという目標はしばらく保留する	
援助方針　（D）この時点での目標と援助方針	「この子どもにとって必要なこと、大事にしてほしいところ、配慮してほしいこと」等　①安心して話せる人を増やす。今話せている人ともっと自然に話せるようにする　②クラスに入って活動できるようにする			
教育相談部会で合意した援助案　（E）これからの援助で何を行うか	①クラスに入れる時を探す　②本人用の時間割を作る。可能なら本人と話し合って、授業に出られる時間を計画書に入れたい	かかわる人を増やす　①しゃべられる教員を増やす　②友達を準備室に遊びに行かせる。まず給食を運ばせる。その日の学習報告書を子どもも書く　かかわる場所を増やす　①準備室のかぎを職員室にとりにこさせる	①中学校側との情報交換　②中学校の情報をさりげなく本人に伝える	
（F）誰が行うか		①は校長が機会を見て教員と引き合わせる　②は担任が手配する　③はA先生から本人にたのむ	①は担任、校長、スクールカウンセラー　②はA先生	
（G）いつからいつまで行うか	本人の様子を見ながら機会を探す	本人の様子を見ながら機会を探す	①は3学期に　②は本人の様子を見ながら機会を探す	

参照：石隈利紀・田村節子著『石隈・田村式援助シートによるチーム援助入門―学校心理学・実践編―』図書文化
　　　石隈利紀著『学校心理学―教師・スクールカウンセラー・保護者のチームによる心理教育的援助サービス―』誠信書房
©Ishikuma & Tamura 1997-2003

第Ⅲ章
中学校における実践

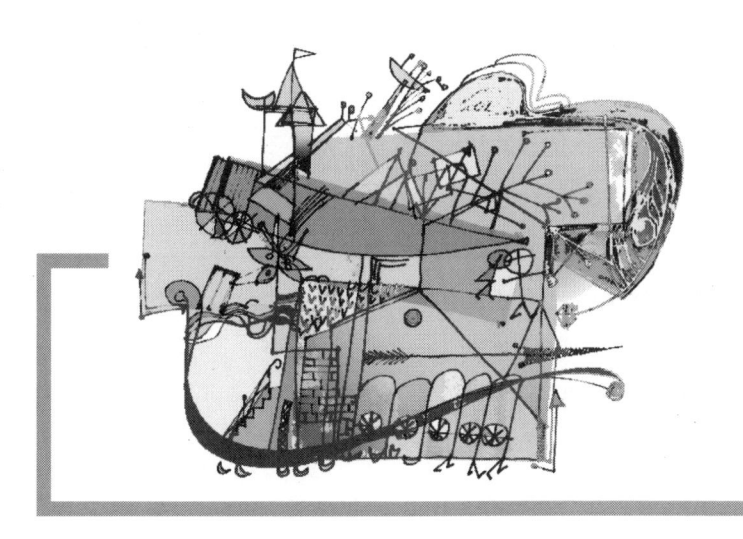

10 2学期から元気をなくした生徒へのかかわり

学年主任

1．早期発見のための方法

　個別的援助サービスで学校がもっともその力を発揮できるのは、二次的援助サービスではないでしょうか。さらに問題が深刻化した場合、専門機関との連携がポイントとなるなど、学校だけでは対処しきれないことも多くなります。したがって、学校で第一に配慮すべきは「問題が深刻化する前にその兆候を発見し、早期に二次的援助サービスを開始すること」だと考えます。

　そこで本校では、教師の個人差などによって判断の遅れが生じないよう、早期発見のための客観的な基準としてチェックリスト（表1）を活用しています。

　このチェックリストは、『学校心理学』（石隈利紀　1999）に掲載されている「SOSチェックリスト」を応用して名簿形式に作り直したものですが、名簿形式にすることで活用の幅を広げることができました。

　たとえば、気になる生徒がいたときの「個別的・適時的活用」の他に、学期始めにクラス全員についてチェックしてみるなどの「全体的・定期的活用」も可能です。さらに、教科担任に記入してもらうことや、記録を積み重ねてみるということも考えられるでしょう。

　フユコさんに対する援助も、このチェックリストによる確認からスタートしました。

　フユコさんは、入学当初から明るく活発で学習能力も高い生徒でしたが、2学期以降、交友関係が変化し、何となく存在が目立たなくなっていました。気になった学級担任がチェックリストで調べたところ、フユコさんには、学習面、心理・社会面を中心にいくつもの心配な項目があることが認められたため、フユコさんを二次的援助サービスの対象としてとらえることにしました。

2．学年を母体とした援助チームの編成

　中学校における二次的援助サービスのニーズは極めて多いので、援助チーム編成にあたっては、ケースごとにそのつど特別なチームを編成するよりも、日常活動している学年を母体としてチームを編成するほうが実際的だろうと考えました。

　フユコさんの場合もこの利点を生かし、学級担任から相談を受けた学年主任が場を設定し、学年職員＋養護教諭など計11人のメンバーによって、援助チームを編成しました。

　ただし、保護者を交えたチームを編成する

表1　茨城式ＳＯＳチェックリスト〔名簿形式〕　Ver.1（2001）

１年○組　　　　　　　　　　　　　　　　　　　　　　　　　調査年月日：平成○○年11月4日

No.	氏名	学習面				心理・社会面						進路面			健康面			全般			合計
		勉強への取り組みの変化	テスト成績の急激な降下	授業中投げやりな態度	授業中ぼんやり	授業中眠ることの増加	自分への否定的イメージ	学校での暗い表情	イライラすることの増加	学級内での孤立	家族との関係の変化	教師に対する態度の変化	服装や言葉遣いの変化	関心がもてる対象の減少	得意なことの減少	決心がつきにくい	進学についての態度変化	食事の様子の変化	けがや病気	頭痛や腹痛	眠そうな顔	遅刻・早退	理由の不明確な欠席	事件の発生	
1	○○　○○																								
2	○○　○○																								
3	○○　○○																								
4	○○　○○																								
5	○○　○○																								
6	○○　○○																								
7	○○　○○																								
8	○○　○○																								
9	○○　○○																								
10	○○　○○																								
11	○○　○○																								
12	○○　○○																								
13	○○　○○																								
14	○○　○○																								
15	○○　○○																								
16	○○　○○																								
17	○○　○○																								
18	○○　○○																								
19	○○　○○																								
20	○○　○○																								
21	○○　○○																								
22	○○　○○																								
23	○○　○○																								
24	○○　○○																								
25	○○　○○																								
26	○○　○○																								
27	○○　○○																								
28	フユコ	×	×		×			×		×		×			×		×								8
29	○○　○○																								
30	○○　○○																								
31	○○　○○																								
32	○○　○○																								
33	○○　○○																								
34	○○　○○																								
35	○○　○○																								
36	○○　○○																								
37																									
38																									
39																									
40																									
		1	1		1			1		1		1			1		1								8

参照：石隈利紀 1999『学校心理学』誠信書房　『茨城県教育研修センター教育相談課研究報告書』2002

場合には、保護者の心理的負担を考慮して、チームを少人数（3〜5人程度）に絞るなどの配慮が必要になるでしょう。

3．作戦会議の進め方

作戦会議は学年主任が進行役になり、石隈・田村式援助チームシートと援助資源チェックシートを利用し、その項目を埋める形で会議を進めました。

援助チームシートは援助案を立てるためのシートです。生徒の学習面、心理・社会面、進路面、健康面という四つの枠が用意されており、生徒についての情報が心理・社会面に偏ったり、学習面に偏ったりすることを防ぎ、援助ニーズをもつ生徒の多方面な情報や援助資源に気付けるようにしてあります。

主な利点は次のとおりです（『茨城県教育研修センター教育相談課研究報告書　2002』より）。

(ｱ) 参加者が共通の視点に立って話し合いを進めることができる。
(ｲ) さまざまな領域の情報を総合的にとらえることができる。
(ｳ) 問題点ばかりでなく、自助資源（本人が持つ問題解決に役立つ力）に目を向けることができる。
(ｴ) 空欄を埋めようとすることによって、今後の観察の視点がわかる。
(ｵ) 援助に際し「だれが・いつ・どこで・何を・どうする」等の役割分担が明確になる。
(ｶ) 比較的短時間で援助案をまとめることができる。
(ｷ) 作戦会議の回数を重ねた際の変容が明らかになる。

もう一枚の援助資源チェックシートは、生徒の問題解決に有効な人的資源や物的資源を発見するためのシートです。その生徒にかかわることのできる人材や関係機関などが一目で把握できるように工夫されており、チームで援助する際のメンバー選択のアセスメントにも利用できます。

4．チーム援助の過程

＜第1回作戦会議＞

第1回作戦会議では、まずフユコさんの自助資源を見つけることから話し合いを始めました（援助チームシート参照）。

問題を抱える生徒への援助となると、つい目に見える問題を解消することにとらわれてしまい、結果として生徒の弱い面を刺激することに終始しがちです。その反省から、フユコさんの自助資源を見つけ出し、フユコさんの良さを伸ばす方向で教育的な援助をしようと考えたわけです。

話し合いの結果、次の四つの援助案を立てました。

---

①　フユコさんは「人に話を聞いてもらいたい気持ち」を持っており、カウンセリングに対する抵抗感は少ないことが予想されるので、より高い専門性を

有する相談担当者がカウンセリングを担当する。
② 友人ナツヨさんと学級担任による情報交換は、情報収集とナツヨさんのフォロー・アップを兼ねて行う。
③ 母親に家事の分担をお願いすることで家庭におけるフユコさんの責任感や所属感を高め、フユコさんの成長が促進されるようにする。
④ 母親との相談は面接が望ましいが、問題が深刻化していない現段階で頻繁に来校を求めることは、物理的・心理的な抵抗を引き起こす恐れがあるので、継続的に電話相談を行うことで代替する。

　設定した援助の内容は、個別的なかかわりであるパーソナル・アプローチと、集団的なかかわりであるグループ・アプローチに分けられます。
それぞれの詳細については後で説明します。

＜第2回作戦会議＞
　初動のアプローチが望ましい方向から大きく逸脱することを避けるため、第2回作戦会議は、間隔を狭くして1週間後に実施しました。
　実際には、援助案が予定どおり実践されているかどうかの確認がおもな内容です。

＜第3回作戦会議＞
　第2回作戦会議の結果、フユコさんの状態がよい方向に向かいつつあることが確認されたため、第3回以降は1か月おきに開催するよう間隔を広げました。

その後、本人の回復に伴い第4回で終結しましたが、毎週の学年会議の中で近況の報告を行うようにしています。

5．2種類のアプローチ

＜パーソナル・アプローチ＞
　パーソナル・アプローチとしては、一対一のカウンセリングや遊戯療法が一般的ですが、チームの力を最大限に生かすため、フユコさんの周辺に対する間接的な援助も併用しました。つまり、フユコさんを取り巻くさまざまな人的援助資源を活用し、多方面からのアプローチを試みたわけです。
　具体的には、フユコさんとのカウンセリングに加え、友人ナツヨさんによるピア・カウンセリング、ナツヨさんとの情報交換、家事の役割分担、母親との電話相談などです（図1参照）。

＜グループ・アプローチ＞
　グループ・アプローチとしては、構成的グループ・エンカウンターとジグソー学習を取り入れました。これらはいずれも一次的援助サービスに有効な方法として活用されていますが、対象生徒の問題に合わせて方法や課題を選択したり、対象生徒の反応に留意して迅速に対応することによって、二次的援助サービスとしても機能するだろうと考えたからです。

6．連携を振り返っての考察

　以上の結果、フユコさんは程なく笑顔を取り戻し、以前のように学級のリーダーとして

図1　フユコさんに対するチーム援助の構造図

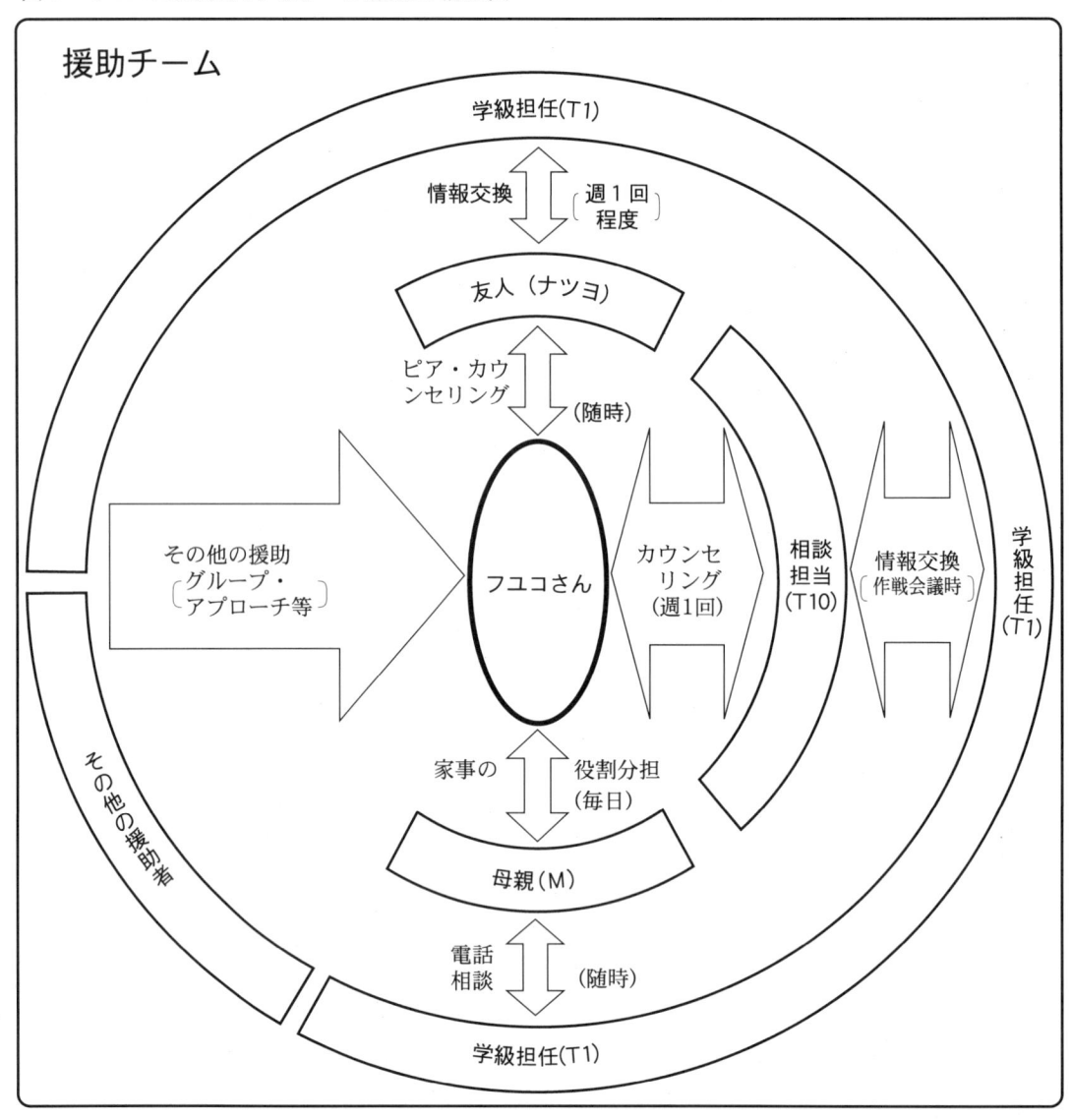

【実践例１：構成的グループ・エンカウンター】

　構成的グループ・エンカウンターのプログラムの構成にあたっては、このフユコさんを中心とした人間関係を改善することを主眼として、他者理解と他者受容に焦点を当てたエクササイズを組み合わせました（表２参照）。

表２　構成的グループ・エンカウンターのプログラム例

　　　　ウォーミングアップ【質問ジャンケン】
1　教室内で自由に相手を見つけ，対戦相手を決める。
2　二人でジャンケンをし，勝った人は負けた人に，その人について知りたいことを質問する。結果は，記録用紙に記録する。
3　次々と対戦相手を替えて，繰り返す。

　　　　グルーピング
1　自分の好きな動物が描いてあるカードを１枚選んで取る。
2　同じ動物を選んだ人同士でグループを作る。
3　場が盛り上がるよう，グループ内でジャンケンをし，リーダーを決める。

　　　　エクササイズ１【他者紹介】
1　リーダーが自己紹介する。
2　次の人は，まずリーダーのことを紹介し，次に自己紹介をする。
3　以下同様に，前の人の紹介をしてから自己紹介する。
4　最後に，リーダーが前の人の紹介をして終わる。

　　　　エクササイズ２【私の好きな動物】
1　グループ内で，選んだ動物の良いところをできるだけ多く見つける。たくさん見つけたグループを勝ちとすると，場が盛り上がる。
2　グループ内の意見のすべてを記録用紙に記入する。ただし，同じ意味の意見は一つに集約してもよい。
3　グループごとに自分たちのグループの意見を全体の前で発表する。

　　　　エクササイズ３【ナンバーワン・グループ】
1　グループのメンバー一人ひとりの「よいところ」をみんなで考えて書き出す。可能であれば「自分自身について」も書くようにする。
2　制限時間（５分程度）になったら，自分の欄に書いてある「よいところ」を，グループ内，または全体の前で発表する。

　　　　シェアリング
○　振り返りカードに記入し，グループ内，または全体の前で発表する。

【実践例２：ジグソー学習法】

　ジグソー学習法とは、共同学習と教え合い学習を組み合わせたグループ学習方式(図２　参照)で、学習が遅れ気味の生徒や学習に取り組む意欲が低下しがちな生徒が積極的に学習に取り組んだり、そうした生徒に対し周囲の生徒が好意的に教えるなどの効果があります。

　ジグソー学習を行う際、二次的援助サービスが必要な生徒について、その生徒が持ち味を発揮できるよう意図的に課題を設定することにより、よりいっそうの効果が期待できます。

図２　ジグソー学習の流れ

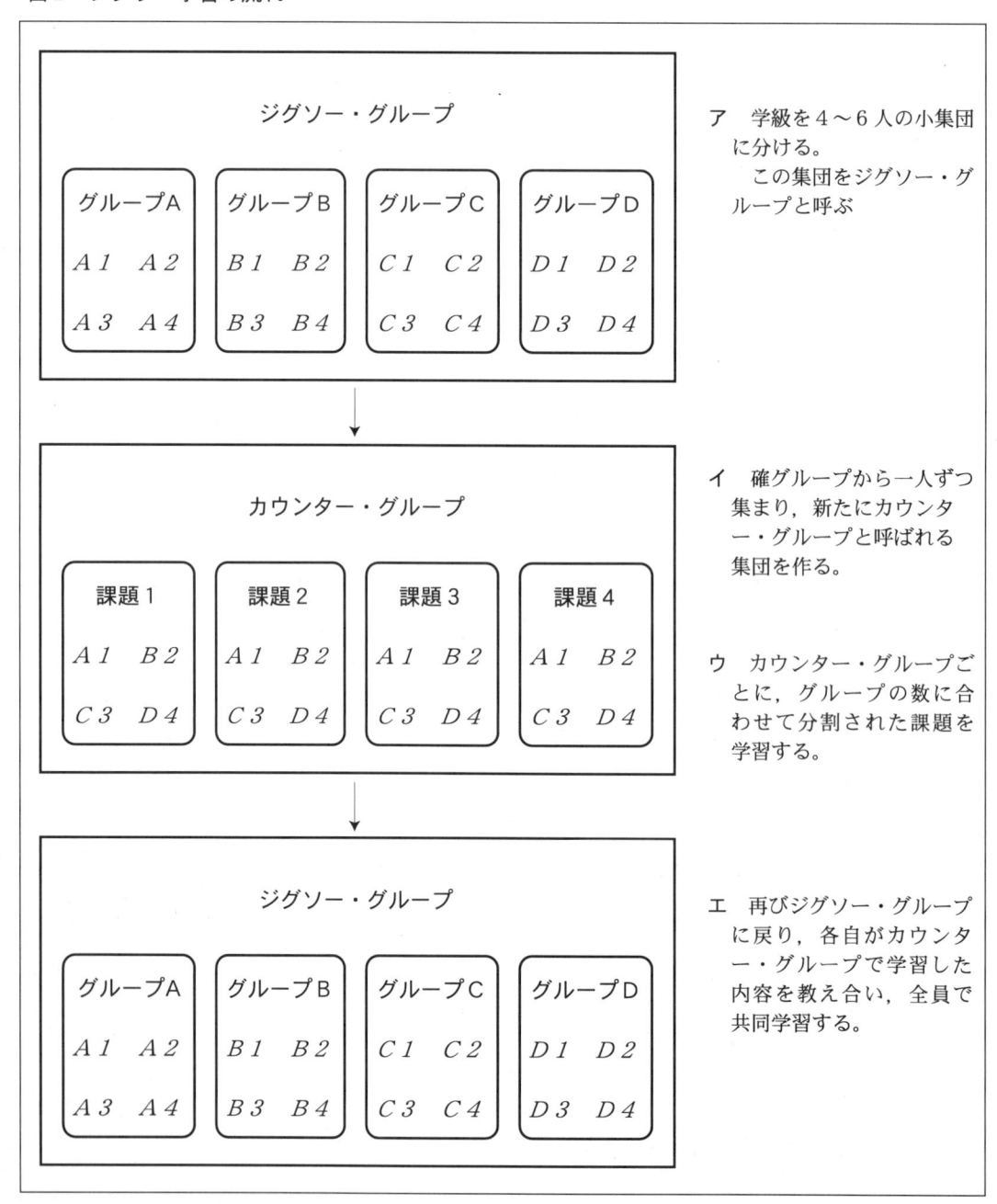

ジグソー・グループ

グループA	グループB	グループC	グループD
A1　A2 A3　A4	B1　B2 B3　B4	C1　C2 C3　C4	D1　D2 D3　D4

ア　学級を４～６人の小集団に分ける。
　　この集団をジグソー・グループと呼ぶ

↓

カウンター・グループ

課題1	課題2	課題3	課題4
A1　B2 C3　D4	A1　B2 C3　D4	A1　B2 C3　D4	A1　B2 C3　D4

イ　確グループから一人ずつ集まり，新たにカウンター・グループと呼ばれる集団を作る。

ウ　カウンター・グループごとに，グループの数に合わせて分割された課題を学習する。

↓

ジグソー・グループ

グループA	グループB	グループC	グループD
A1　A2 A3　A4	B1　B2 B3　B4	C1　C2 C3　C4	D1　D2 D3　D4

エ　再びジグソー・グループに戻り，各自がカウンター・グループで学習した内容を教え合い，全員で共同学習する。

活躍できるようになりました。今回行った二次的援助サービスの実践について、項目別に結果を振り返り考察してみます。

(1) ＳＯＳチェックリストの活用について

二次的援助サービスでは、数多くの生徒の中から、援助対象となる生徒をいかに早く発見するかという教師の目が重要です。しかし、実際には教師や保護者の観察力には個人差があり一人ひとり傾向も違います。だからこそ、客観的な判断基準としてのチェックリストの活用が有用でした。

今回の実践でもチェックリストの活用が功を奏し、早い段階でフユコさんを援助対象としてとらえることができました。その結果が、早期の問題解決につながったと考えます。

また、チェックリストの活用には、常にそれを意識するよう心がけることによって教師自身の観察力を養うことができるという副次的な効果もあります(石隈　1999)。問題の早期発見と教師の観察力育成という二つの効果を有するチェックリストは、今後の学校現場において大いに活用されるべきものです。

(2) 援助チームシートと援助資源チェックシートの活用について

援助チームシート活用の利点については前述のとおりですが、実践を通し特に「自助資源に目を向けること」の重要性が強く感じられました。

気になる生徒への援助サービスに際しては、どうしても気になる点の解消に目が奪われがちになりその結果、その子にとって一番ふれられたくない弱い面を取り上げることに終始する恐れも生じます。

それではその子は救われないでしょう。自助資源に目を向け、その子の良さを伸ばす方向で援助するほうがよほど教育的であり、実践の結果からも、一見遠回りに思えるこの方法が実は有効であったと言えるでしょう。

また、援助資源チェックシートを活用することにより、多くの援助資源に気づくことができました。本事例では特に、学校外の資源である母親の存在に着目できたことが成功の鍵を握ったと言ってもよいほど、その発見は重要でした。

(3) パーソナル・アプローチについて

フユコさんに対するパーソナル・アプローチでは、相談担当者によるカウンセリングを中核に据えるとともに、チームを編成して多方面からの援助を展開しました。その結果、一つひとつの援助そのものは十分とは言えなかったものの、それぞれの援助が相互に関係し合って短期間で成果をあげることができました。

たとえば、母親に対してもっとも望ましいと思われた面接を断念し、電話相談を実施したわけですが、それは、その不足分を他の援助で十分できると判断したことから「折り合い」をつけたということができます。実際のケースでは、このように「どこで折り合いをつけるか」が重要な判断になってくるでしょう。

(4) グループ・アプローチについて

グループ・アプローチでは、方法の選択な

らびにエクササイズや課題の与え方を工夫しました。

たとえば、【実践例1】の構成的グループ・エンカウンターでは、どのようなエクササイズでもよいということではなく、「人間関係を改善するのであるから、他者理解と他者受容に焦点を当てたエクササイズを組み合わせる」ということであったり、【実践例2】のジグソー学習では、「対象生徒の自助資源を考慮して課題を設定する」といった具合です。

そうしたグループ・アプローチを数回積み重ねた結果、対象生徒の自信回復や人間関係改善がなされると同時に、学級集団の許容性も高めることができました。

生徒は、生徒(集団)の中で癒され成長すると考えられます。今後も、集団の力動性を生かした指導・援助の充実が望まれます。

最後に、フユコさんの問題は深刻化することなく解消されたわけですが、こうした場合、時に「もともと問題はなかったのではないか」という見方をされることもあります。鋭い目をもったからこそ可能だった教師の観察力と早めの取り組みが理解されず、生徒の状況の改善が取り組み(二次的援助サービス)の成果として認められないことがあります。

しかし、結果的に問題が生じなかったことは予防的なかかわりとして大きな意味があったのではないか、と考えます。二次的援助サービスの中核となる教師は、そのことを自負し、そして、幾度となくコミュニケーションを繰り返したり実績を積み重ねたりすることによって、理解者・協力者を増やしていくことが大切だと思います。

そうした意味において、この実践の成立要因として忘れてならないことに、チームの母体となった職員の信頼関係があげられます。すばらしい仲間たちに恵まれたことに感謝し、本事例紹介のまとめとします。

田村・石隈式 (1997-2003) 【援助資源チェックシート】

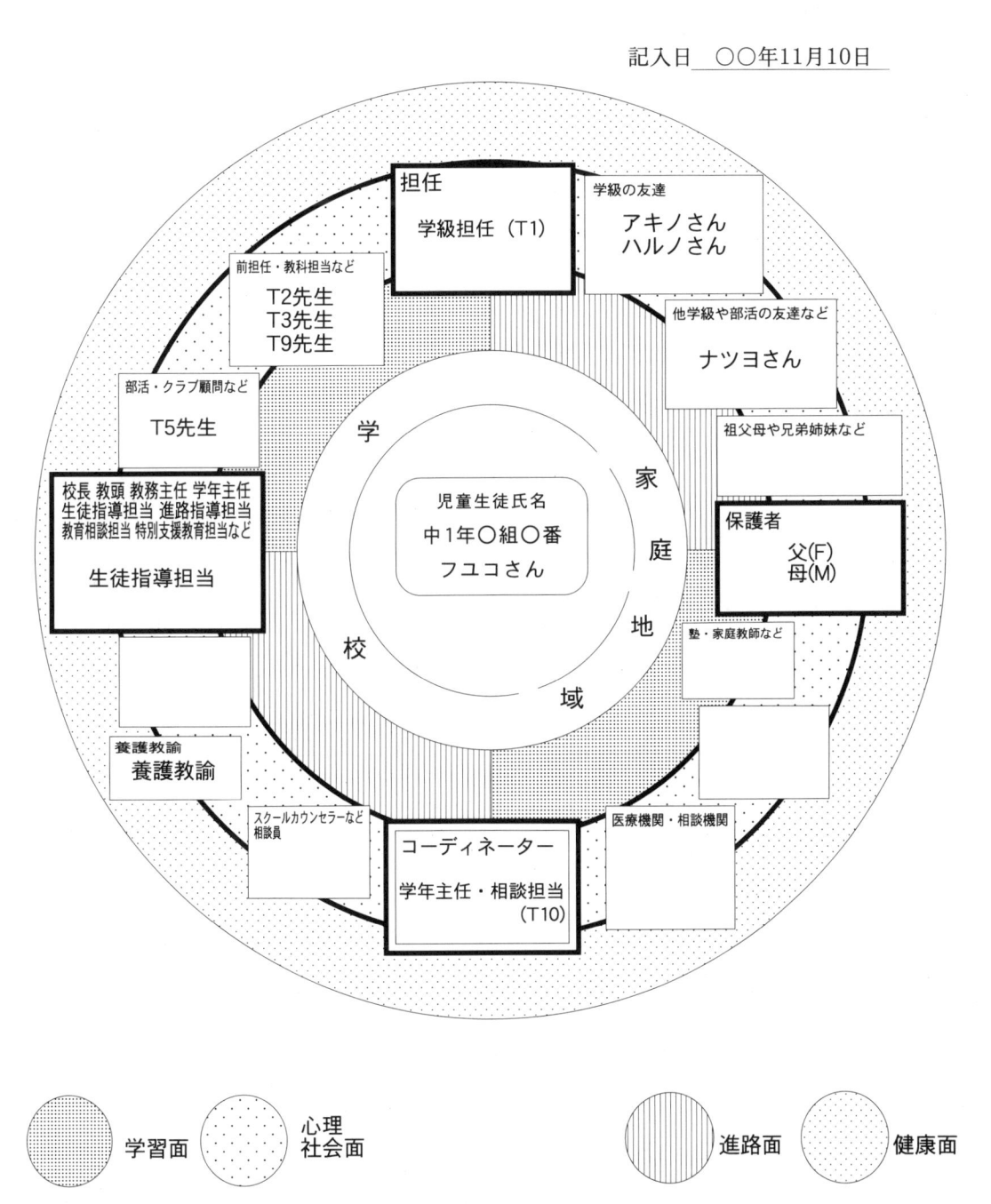

記入日　○○年11月10日

担任	学級担任（T1）
学級の友達	アキノさん／ハルノさん
前担任・教科担当など	T2先生／T3先生／T9先生
他学級や部活の友達など	ナツヨさん
部活・クラブ顧問など	T5先生
祖父母や兄弟姉妹など	—
校長 教頭 教務主任 学年主任 生徒指導担当 進路指導担当 教育相談担当 特別支援教育担当など	生徒指導担当
保護者	父(F)／母(M)
塾・家庭教師など	—
養護教諭	養護教諭
スクールカウンセラーなど相談員	—
医療機関・相談機関	—
コーディネーター	学年主任・相談担当（T10）

児童生徒氏名：中1年○組○番　フユコさん

領域区分：学校／家庭／地域

凡例：学習面／心理社会面／進路面／健康面

参照：石隈利紀・田村節子著『石隈・田村式援助シートによるチーム援助入門—学校心理学・実践編—』図書文化
石隈利紀著『学校心理学—教師・スクールカウンセラー・保護者のチームによる心理教育的援助サービス—』誠信書房
©Ishikuma & Tamura 1997-2003

【石隈・田村式援助チームシート 自由版】

実施日　：平成〇〇年11月10日（　）　16時40分〜17時30分　第1回
次回予定：平成〇〇年11月17日（　）　16時20分〜17時00分　第2回
出席者名：担任(T1)　学年職員(T2〜T9)　学年主任・相談担当(T10)　養護教諭(Y)

苦戦していること（仲よしの友達との関係が悪くなり孤立傾向。学習意欲が低下し元気がない　　　　　）

児童生徒氏名 中1年　組　番 フユコさん 担任氏名 〇〇 〇〇（T1）		学習面 （学習状況） （学習スタイル） （学力） など	心理・社会面 （情緒面） （ストレス対処スタイル） （人間関係） など	進路面 （得意なことや趣味） （将来の夢や計画） （進路希望） など	健康面 （健康状況） （身体面での訴え） など
情報のまとめ	（A） いいところ 子どもの自助資源	・成績は上位 ・真面目な取り組み(T1) ・グループ発表なら大きな声(T6)	・優しく素直 ・人に話を聞いてもらいたい気持あり　(T1) ・友達関係を改善したい気持あり (T10)	・高校進学希望 (T1)	・部活動はほとんど休まず体力はある　(T5)
	（B） 気になるところ 援助が必要なところ	・自分から進んで発表できない ・意欲にムラがある　(T3)	・友達の会話を自分の悪口のように感じてしまう ・最近急に笑顔が見られなくなった (T1)	・漠然と高校進学を希望しているだけで将来の夢がない (T1)	・最近になり腹痛や気分不良を訴えるようになった (T1)
	（C） してみたこと 今まで行った，あるいは，今行っている援助とその結果	・グルーピングに配慮した結果，グループ内の活動は何とかできる (T1)	・本人との面接実施直後は元気だが長続きしない (T1)	・三者面談をきっかけに具体的な目標を考えた (T1)	・保健室で休養し話を聞くと落ち着く (Y)
援助方針	（D） この時点での 目標と援助方針	①友達関係を改善し，1学期の頃の元気な笑顔を取り戻す。			
援助案	（E） これからの援助 で何を行うか	①学級での構成的グループ・エンカウンター ②ジグソー学習	①本人との面接 ②母親と電話相談 ③本人とのピア・カウンセリング ④友人（ナツヨさん）との情報交換	①家事の役割分担 ②部活動でのグルーピング時の配慮	①休養と面接
	（F） 誰が行うか	①学級担任(T1) ②教科担任(T2)	①学年主任(T10) ②学級担任(T1) ③友人（ナツヨ） ④学級担任(T1)	①母親(M) ②部活動顧問(T5)	①養護教諭(Y)
	（G） いつから いつまで行うか	①11月〜3月まで月に1〜2回 ②12月の特定単元	①11月〜12月週1 ②11月〜随時 ③11月〜随時 ④11月〜週1程度	①11月から毎日 ②チーム編成時	①保健室来室時

参照：石隈利紀・田村節子著『石隈・田村式援助シートによるチーム援助入門―学校心理学・実践編―』図書文化
　　　石隈利紀著『学校心理学―教師・スクールカウンセラー・保護者のチームによる心理教育的援助サービス―』誠信書房　© Ishikuma & Tamura 1997-2003

11 配慮を要する生徒へのかかわり

教育相談係

1. ハルミさん(中2)の学校での様子

　共働きの父親と母親、祖母、妹(小3)の3世代、5人家族。7月頃から頭痛、めまいなどの体調不良を訴えて、頻繁に保健室で休むようになり、毎日1～2時間休んで教室へ戻ったり早退したりする日が続きました。その中で、養護教諭は友人関係に悩みがあるらしいことに気づき、それとなく話を聞いてみましたが、ハルミさんは「友達は大丈夫。体調が悪いだけ」と言い続けていました。しかし体調不良は治らず、病院にかかり起立性調節障害と診断され、医者からは薬を飲んで無理のない生活を送るように言われました。

　夏休みが明けても保健室での休養や早退は変わりませんでしたが、ある日、担任に「自分は起立性調節障害だと言われたけど違うと思う。ストレスだと思う」と話したそうです。

　9月に入り、担任がハルミさんと相談を進めたところ、「教室へ行くのが怖い」と訴えました。直接のきっかけは、席替えのときに隣になった男子から「ハルミの隣だよ。誰か変わってくれねえか？」と言われたことのようです。

　この間、職員会の折に養護教諭と学級担任からハルミさんの様子が全職員に報告され、様子を見てもらっていました。その中で英語の授業のときによく保健室へ行くことも分かってきました。また、教育相談係が養護教諭や学級担任と連絡を取り、相談にのるという体制は以前からできていました。

2. 援助チームの立ち上げ

　文化祭の準備が進む9月中旬、教育相談係と養護教諭が、ハルミさんについてはチーム援助が必要だと判断し、援助チームを立ち上げることになりました。

　その判断は、ハルミさんが保健室にいると養護教諭がかかりきりになってしまうこと、母親と担任の方針にずれがあること、今の状態では改善の方向に向かう気配がなく、病院との連携も必要になってくること、学級担任とハルミさんは話ができるのだが、実は担任自身も体調を崩しがちでちょくちょく休養を取っていること、などが理由でした。さらに、本来なら学年会がまずこうした問題については協力して取り組むのですが、他にも生徒指導上の問題を抱えていて、連絡を取り合うぐらいしか期待できないことなどが考慮されました。

　第1回目のサポートの会は校内の職員(学

級担任、養護教諭、教頭、教育相談係)のみで開かれ、学級担任(T1)と養護教諭(T2)はこれまでのように積極的にハルミさんの相談にのり、教頭(T3)が父母への相談を中心に行うことになりました。教頭は地域で母親と知り合いであり、同年代の女性同士でもあるので、逆に難しい面も予想されましたが、引き受けてもらうことにしました。教育相談係(T4)はコーディネーター役で、チームメンバーと連絡を取り合って、サポートの会を開催することになりました。

3．援助チームによる指導・援助の実際

＜チームでの役割＞

学級担任(T1)は、勤務ができる日にはできるだけハルミさんの様子を見て、相談時間を取るよう心がけました。さらに学級内での人間関係を把握し、いじめのような事例がどのくらいあったのかをつかむようにしました。

養護教諭(T2)は、本人が保健室に来たときには十分に休ませたり、話を聞くというこれまでどおりの接し方をすることにしました。保健室に隣接した個室を活用してハルミさんの居場所をつくり、カウンセリングをすすめてもらうことにしました。

教頭(T3)には母親との相談やコンサルテーションを進めてもらうことにしました。担任や養護教諭がハルミさん本人の心理面や健康面を一番心配しているのに対して、保護者(特に母親)は、勉強の遅れや教室に戻すことに関心が強く、コーディネーターは学校と家庭との意識のずれを感じていたからです。

教育相談係(T4)は、随時サポートの会を開催し、チームリーダーとして問題解決のコーディネートを担当しました。学級担任や養護教諭の話をよく聞き、チーム援助の連携がうまくいくように心がけました。

＜チーム援助の過程＞

① チーム援助の準備
　（第2回サポートの会　9月21日の援助チームシート参照）

参加者は母親、学級担任、養護教諭、教頭、英語教科担任(T5)、教育相談係。

ハルミさんの体調不良は友人関係や学級集団との折り合いがうまくつかないことが直接の原因であったようですが、母親は保育園のころから友達関係を築きにくい子だと悩んでいたとのことです。関係がうまく築けないことで自信をなくし、友達に話しかけることも苦手です。一方、正義感が強く、友達が受けた不正行為に対して、教科担任に直談判に行ったりしたこともあります。

また、大人との会話はできますが、友人と中学生らしい会話が難しいことなどが分かってきました。どうも教室では浮いた存在になりがちのようです。英語では少人数授業をしているので、そのたびに学習室へ移動し席を決めますが、かなりストレスになっていたのではないかと思われました。

また、学習に対してはまじめで、分かりたいという気持ちが強く、理解力もあります。父親を尊敬していて、勉強も教わっています。よい成績を取らなければ……という気持ちも強いようです。このように学習意欲や父親と

の関係、学級担任と養護教諭などがハルミさんにとっての自助資源や人的資源として認められました。

そこで次の援助案がつくられました。
- 学級内では班活動などで差別的なことが起きないように全体や個別指導をする（学級担任）。
- 教科担任にお願いして、ストレスのかからない机の配置にする（教科担任）。
- 保健室にいてもいいということを伝え（母親）、安心できる個室を確保する（養護教諭）。
- 給食を運んだり一緒に保健室で食べたりする友人を決め、かかわりがもてるようにする（学級担任）。
- 学習意欲は強いので、様子をみて保健室やカウンセリングルームを利用して学習が進められるようにする（教科担任）。
- 病院の医者と連絡を取り、様子を聞き、学校生活での留意点などコンサルテーションを受ける（養護教諭）。

② チーム援助の開始（母親との関係に悩み、自分探しへ　10月〜11月）

二人の友人が一緒に保健室で給食を食べてくれるようになり、それまでは残すことが多かったのが、全部食べられるようになってきました。休み時間にもたまに友達が来てくれるようになってきました。友達が来ているときはハイテンションでとても元気ですが、落ち込むときとのギャップが大きくなりました。

養護教諭のカウンセリングが功を奏して、リレーションもいっそう進み、養護教諭に胸の内を話すようになってきました。その内容は主に家族のことが多く、父母や祖母には地域の進学校へ行って、トップで卒業するように言われるとか、テストのたびにみんなに成績を見せなければならないなどで、それらがかなりストレスになっているようでした。

また、「小さいとき父母が妹を囲んで寝ていて、私は母親の背中を見て寝ていた」「妹と私は同じように育てると言ったのに全然違う」と語るようになり、それを受けて教頭が母親との懇談を何回か持ちました。

その結果、母親は「仕事が忙しくて、いつもはハルミの面倒を祖母が見ていた。仕事から帰ってもどこからハルミの面倒を引き受けたらいいか分からなかった。妹は自分で育てたいと思った」などと語るようになりました。しかし、背を向けて寝ていたとか、あからさまに妹だけをかわいがっていたということについては、ハルミさんの言っていることや気持ちがよく理解できないようでした。

ハルミさんは「家に帰りたくない」などとも言いだし、休日は市立図書館で過ごすことが多くなっていきました。また、夕食は寝たふりをして家族と一緒に食べないようになりました。夜中に目が覚めて一人でいると、これからのことが不安で、怖くなってしまうというようになりました。養護教諭に「抱きしめてほしい」と訴え、何度か抱きしめてもらって安心するようになりました。

英語については、座席の配慮から出席しやすくなったようです。しかし、保健室にいる時間がしだいに増えてきました。保健室ではベッドで休養することは少なくなり、養護教諭と話をするか、自分で学習をするようにな

りました。

③ 情緒障害児学級への入級希望
（居場所を見つけて　12月〜2月）

　母親はハルミさんへのかかわりを改善しようと、一緒に家事をしたり、よく話を聞くようになりました。しかし、学習成績や進学に対する強い願いは変わりませんでした。

　一方、ハルミさんは、保健室で個人学習するよりも情緒障害学級なら先生に個別に教えてもらえるということで、入級を希望するようになりました。しかし、父母や祖母は賛成せず、情障学級の担任（T6）を交えて何度かサポートの会を開き、入級はしないが実質的に授業を受けることになりました（1月16日の援助チームシート参照）。

　情障学級では知的理解は一番高く、三人の仲間とも不安や緊張を感じずに過ごせ、学級を仕切ってしまうほど生き生きと過ごすことができるようになりました。

　原学級では心ない言葉や排斥はなくなり、ハルミさんの悩みをみんなで理解できるようになっていきました。しかし、たまにクラスへ行ってもかなり緊張してしまい、新しく関係を築いていくことは困難なようでした。この間も保健室へはちょくちょく顔を出していました。教育相談係（T4）が情障学級の教科担任になっていることから、ハルミさんと直接かかわることができるようになり、保健室で二人きりでも話ができるようになっていきました。

　また、養護教諭がハルミさんの手首に切り傷を見つけ話を聞くと、「夜、気づいたら切っていた」と話し、12月から4〜5回はリストカットをしているようでした。そこで養護教諭と教頭、母親が相談をし、あらためて専門の心療内科へかかることを決めました。

④ 行事参加への支援
（修学旅行をきっかけにしたい3月〜4月）

　心療内科へは母親が連れて行きましたが、1回行ったきりで本人が拒否をしてしまいました。母親に対しては「今さらどうやって甘えたらいいか分からない」ととまどいを見せながらも、一緒に外出したり料理をつくることが楽しいと言うようになっていきました。学習が進められるようになった安心感もあってか、「4月の修学旅行を機会に教室へ行こうと思う」と養護教諭に告げました。

　12月から学級で進めていた修学旅行の学習や係会へも参加するようになり、数人の女子が同じグループに入って支えてくれることになりました。

　出発当日はかなり緊張した様子がうかがえました。2泊3日を通してもあまり会話が弾んだ様子は見られませんでしたが、時には楽しそうな笑顔も見えたそうです。帰ってきてからは、「教室は疲れるけど前ほどではない。楽しい」と学級担任に語ったそうです。

　修学旅行では、ハルミさんを参加させるために随所でいろいろな配慮がなされました。これはサポートチームから学年会への働きかけをして、具体的にどうしたらいいかを考えてもらったわけです。しかし、「自分でもびっくりするほど調子がいい。でもこのまま続くとは思えない。また穴にはまってしまうと思

う」と養護教諭に話し、実際に保健室に顔を出したり、休み時間には情障学級で過ごしたりもしていました。

⑤ 学級集団とのリレーションづくり（クラスも楽しい　5月）

教室に長くいられるようになったからといって安心するのではなく、これを機会に学級の仲間との緊張や不安を軽減して、いっそうリレーションを強めようということになりました。2月に職員研修でやった対人関係ゲーム（構成的グループ・エンカウンターのエクササイズの手法で、緊張や不安を和らげるゲーム的な集団体験）を、5月の人権週間の授業としてやってみたらどうかと、サポートの会で提案され、学級担任が実施しました。

「たんていごっこ」などのゲームでは、女子とばかりペアをつくっていたので、サブリーダーとして入っていた教育相談係が、女子ともかかわれそうな優しい男子に「ハルミさんとやってみて」とかかわってもらいました。この介入でハルミさんは自然な感じで男子とゲームをすることができ、楽しそうでした。

⑥ 心の教室相談員とのリレーションづくりとチーム援助の終結（保健室からカウンセリングルームへ　4月～6月）

7月から養護教諭が育児休暇に入ってしまうため、4月から赴任していた心の教室相談員（Fさん）に援助チームのメンバーになってもらいました。Fさんに保健室へ遊びに来てもらったり、Fさんがいつもいるできたばかりのカウンセリングルームで学習したりして、話ができる関係を築いていきました。

3年生になってからリストカットはなくなり、教室で過ごすことも多くなりました。新しい養護教諭ともしだいに仲良くなったり、カウンセリングルームでほっとひと息入れたりしながら、自分なりに家族や学級集団と折り合いがつけられるようになっていきました。

まだハルミさんの状態は不安定でしたが、ハルミさんのカウンセリングは相談員のFさんが引き継ぎ、チームでの援助は終結となりました。

4．連携を振り返っての考察

(1) チーム援助の大切さ

このケースでは養護教諭が大切な役割を担っていますが、学級集団とのかかわりの問題ですから、学級担任は養護教諭と協力して集団への介入（指導）をしなければなりませんでした。また、母親との関係改善も大きな課題でしたが、若い養護教諭が母親に対してコンサルテーションをするのは難しかったかもしれません。そこで教頭という人的資源が有効に生かされたものと思われます。

また、教育相談係は適宜サポートの会を開き、時には職員全体へ協力を呼びかけたり、教科担任にお願いしたり、チームのメンバーを補充したりしてハルミさんにとって一貫したサポートができるように心がけました。

いずれにしても一人ではけっして解決できなかった問題であり、チームだからこそできた支援だと思います。養護教諭も担任も抱え込むことなく、全職員が共通理解して進めら

れたことがよかったと思います。

(2) チーム援助の意義

　力のある担任なら、一人でも解決できたのでしょうか。養護教諭が頑張れば一人でも何とかなったのでしょうか。いえ、一人ではとても無理だと思われますし、たとえ一人で抱え込んで何とかなったとしても、あまり有効ではないと思われます。

　それは、ハルミさん本人へのカウンセリングと母親への支援、クラス集団への指導、教科担任への協力依頼、養護教諭の引き継ぎ等々、とても一人でできるものではありません。また、これだけの支援が必要であるという認識も、一人ではもてなかったことでしょう。チームで考えるからいろいろな発想ができましたし、気づくことができたのだと思います。

　また、チームで取り組むことで、ハルミさんの支援をしながらも、ハルミさんを支援するメンバー同士が支援されました。「困った」と悩みながらもそれを理解してくれる仲間がいる。理解してくれるだけでなく、役割を分担して担ってくれる同僚がいる。こうした思いは、日々大変であるにもかかわらず、かえって嬉しさを感じてしまうほどでした。

　さらに、校内の職員だけでなく、母親もハルミさんを援助するチームのメンバーであるという認識がもてることで、学校と母親（家庭）が対立することを避けることができました。また、病院の先生や関係機関との連携のあり方も理解しやすくなりました。

(3) これからのチーム援助の課題

　私たちはハルミさんの事例を通して、チーム援助のあり方を具体的に学ぶことができました。教育相談係がチームリーダーとして問題解決のコーディネートをしたわけですが、それをスクールカウンセラーにコンサルテーションしてもらえる体制があると安心してチーム援助が実践できると思います。残念ながら本校にはＳＣはいません。教育相談係がコンサルタントとして頼りにしたのは、所属しているカウンセリングの研究会のメンバーであり、その指導者である大学の先生でした。

　また、教師のメンタルヘルスが低下し、援助チームのメンバーをサポートしなければならないことも多々あります。最も援助資源にならなければならない教師がつぶれてしまっては、チーム援助どころではありません。普段からの教師同士のサポートが大切になってくるのではないでしょうか。

(4) その後のハルミさんの様子

　一時期、進路に悩み、家族から期待されていた進学校ではなく、地域の実業高校へ行きたいと言いだしました。それは、自分のやりたいことを見つけ、人に言われるままに成績だけで高校は決めたくない、という自我が芽生えたからだと思います。

　結局、不安定な時期もありましたが成績も伸びて自信がつき、家族が望んだ高校ではありませんでしたが、別の進学校へ進みました。

　その年の６月、ハルミさんと駅でばったりと出会ったときに、「先生！」と言って、両手を上げて元気に駆け寄ってきた姿を見て、本当によかったなあ、と思いました。

田村・石隈式 (1997-2003) 【援助資源チェックシート】

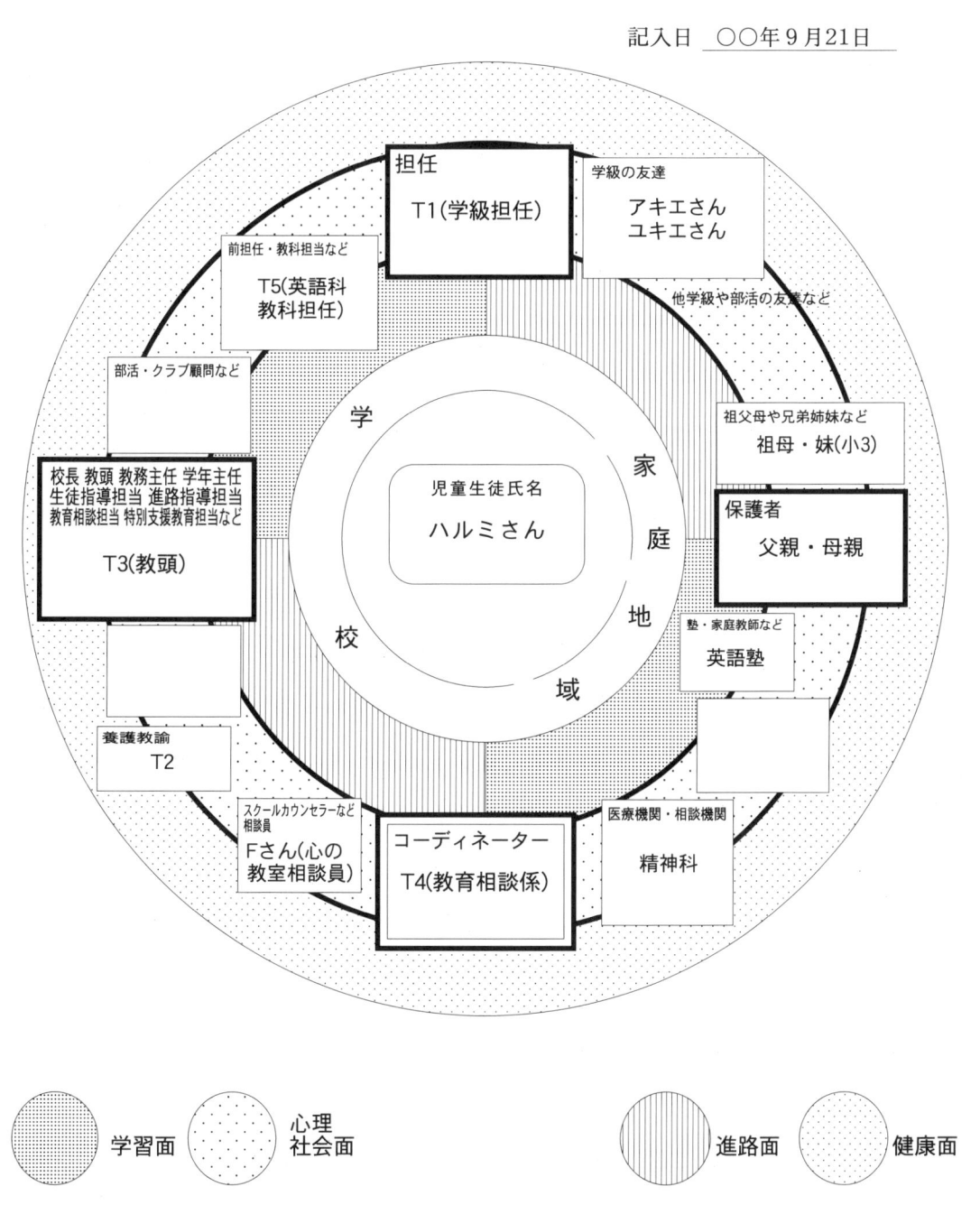

記入日　〇〇年9月21日

児童生徒氏名
ハルミさん

学校／家庭／地域

担任
T1(学級担任)

学級の友達
アキエさん
ユキエさん

前担任・教科担当など
T5(英語科教科担任)

他学級や部活の友達など

部活・クラブ顧問など

祖父母や兄弟姉妹など
祖母・妹(小3)

校長 教頭 教務主任 学年主任
生徒指導担当 進路指導担当
教育相談担当 特別支援教育担当など
T3(教頭)

保護者
父親・母親

塾・家庭教師など
英語塾

養護教諭
T2

スクールカウンセラーなど
相談員
Fさん(心の教室相談員)

コーディネーター
T4(教育相談係)

医療機関・相談機関
精神科

○ 学習面　　○ 心理社会面　　○ 進路面　　○ 健康面

参照：石隈利紀・田村節子著『石隈・田村式援助シートによるチーム援助入門―学校心理学・実践編―』図書文化社
　　　石隈利紀著『学校心理学―教師・スクールカウンセラー・保護者のチームによる心理教育的援助サービス―』誠信書房
　　　　　　　　© Ishikuma & Tamura 1997-2003

【石隈・田村式援助チームシート 自由版】
実施日　：〇〇年09月21日（　）　15：40〜17：00　第2回
次回予定：〇〇年10月24日（　）　15：40〜16：40　第3回
出席者名：母親・学担T1・養教T2・教頭T3・教育相談係T4・英語担任T5

苦戦していること（保健室での休養が多い　　　　　　　　　　　　　　　　）

児童生徒氏名 2年 組 番 ハルミさん 担任氏名 T1	学習面 (学習状況) (学習スタイル) (学力) など	心理・社会面 (情緒面) (ストレス対処スタイル) (人間関係) など	進路面 (得意なことや趣味) (将来の夢や計画) (進路希望) など	健康面 (健康状況) (身体面での訴え) など
情報のまとめ (A) いいところ 子どもの自助資源	学習意欲が旺盛で、努力を惜しまない。社会科、英語等が得意である。体調さえよければ、授業に出なくても、自分で学習を進められる。	まじめで、実直な性格。正義感が強い。人を悪く言わない。	大学へ進学したいという希望が強い。	特別に具合も悪いところはなかった。
情報のまとめ (B) 気になるところ 援助が必要なところ	英語の授業の時によく体調を崩して保健室に来る。テストの点へのこだわりが強く、地域で一番の進学校を希望し、家人からも期待が大きい。	友達との会話が苦手で、中学生らしい話ができない。（浮いた存在になりやすい）大人との会話の方が弾む。席替えで差別的な発言をされた。保育園の頃から友達関係の気づきにくい子だった（母親）	父母や祖母から進学校へ進み、トップで卒業することを期待されている。	毎日のように頭痛やめまいを訴える。
情報のまとめ (C) してみたこと 今まで行った、あるいは、今行っている援助とその結果	英語科を始め各教科担任から、授業の様子を聞いた。	差別発言について、詳しく担任が話を聞いた。	特になし。	精神科では起立性調節障害と診断され、服薬中。保健室での休養、早退による休養。
援助方針 (D) この時点での目標と援助方針	①体調不良の時には、十分に休める環境を整える。②教育相談を通して、クラスでの友人関係や進路についての強い思いについて理解を深める。③校内での支援体制をつくるとともに、家庭や病院との連絡を密にして、チーム支援をする。			
援助案 (E) これからの援助で何を行うか	①ストレスのかからない座席配置 ②保健室や相談室での遅れた学習の個別指導	①差別的な発言の指導（学級への全体指導と発言した男子への指導）②安心できる個室の確保。③体調がすぐれないときは保健室にいても良いことを家庭でも認める。④教育相談を継続する。	①テストの点数のことや、授業に出るようにということはできるだけ言わない。	①病院と連絡を取り、学校生活上の留意点を聞く。
援助案 (F) 誰が行うか	①各教科担任（特に英語は座席を固定にする T5）②その都度あいている教科担任にお願いする。T2	①学級担任T1 ②養護教諭T2（保健室奥の個室を用意）③母親 ④養護教諭T2	①母親（家族）	①養護教諭T2と母親
援助案 (G) いつから いつまで行うか	①来週中即刻 ②本人の体調とやる気に応じて。	①来週の道徳の時間 ②週中 ③すぐに ④随時	①母親が家庭内に趣旨を伝え、理解を得るよう努力する。	①できるだけ早く

参照：石隈利紀・田村節子著『石隈・田村式援助シートによるチーム援助入門—学校心理学・実践編一』図書文化社
石隈利紀著『学校心理学—教師・スクールカウンセラー・保護者のチームによる心理教育的援助サービス—』誠信書房　©Ishikuma & Tamura 1997-2003

【石隈・田村式援助チームシート 自由版】　実施日　：〇〇+1年01月16日（ ）　15：40～16：30　　第4回
　　　　　　　　　　　　　　　　　　　　　次回予定：〇〇+1年02月14日（ ）　15：40～16：40　　第5回
　　　　　　　　　　　　　　　　　　　　　出席者名：学担T1・養教T2・教頭T3・教育相談係T4・情障学級担任T6

苦戦していること（体調不良やリストカット。情障学級での人間関係　）

児童生徒氏名 2年 組 番 ハルミさん 担任氏名 T1	学習面 （学習状況） （学習スタイル） （学力） など	心理・社会面 （情緒面） （ストレス対処スタイル） （人間関係） など	進路面 （得意なことや趣味） （将来の夢や計画） （進路希望） など	健康面 （健康状況） （身体面での訴え） など
情報のまとめ　（A）いいところ　子どもの自助資源	学習意欲が旺盛で，努力を惜しまない　社会科，英語等が得意である　個人学習よりも情障学級で授業を受けたいという気持ちになった	まじめで，実直な性格　正義感が強い　人を悪く言わない	大学へ進学したいという希望が強い	特別に具合も悪いところはなかった
（B）気になるところ　援助が必要なところ	テストの点へのこだわりが強く，地域で一番の進学校を希望し，家人からも期待が大きい	情障学級の仲間3人のリーダー的な存在になり，生き生きしてきたが勝手にしきるところがある。現学級ではまだ緊張が高い　母親とのかかわり方が分からない。自傷行為はつづく	父母や祖母から進学校へ進み，トップで卒業することを期待されている	毎日のように頭痛やめまいを訴える
（C）してみたこと　今まで行った，あるいは，今行っている援助とその結果	情障学級での学習を勧め，通うようになった	情障学級への移行はよかったが，保護者の同意が得られない　母親と一緒に料理をしたり，一緒に寝たりする	保護者も勉強のことはあまり言わなくなったが，ハルミさんへの期待は変わらない	保健室での休養，早退による休養
援助方針　（D）この時点での目標と援助方針	①体調不良の時には，十分に休める環境を整える ②情障学級での人間関係づくりと，学習を進める ③リストカットがつづくので，心療内科を勧める ④母親との関係改善を進める			
援助案　（E）これからの援助で何を行うか	①情障学級での時間割を作成する	①情障学級の3人仲間との関係づくり（仕切らない，相手の気持ちに気づく） ②教育相談を継続する。リストカットに注意し，よく観察する。心療内科の受診を勧める ③母親と一緒に料理をする	①特になし	①体調の悪いときはいつまでも保健室にいないで，早退するようにする
（F）誰が行うか	①情障担任T6	①情障担任T6と養護教諭T2 ②養護教諭T2 ③教頭T3が母親に話す		①養護教諭T2と母親
（G）いつからいつまで行うか	①次回サポートの会までの1か月間	①来週中 ②本人の調子のいいとき ③来週中		①できるだけ早く

参照：石隈利紀・田村節子著『石隈・田村式援助シートによるチーム援助入門―学校心理学・実践編―』図書文化社
　　　石隈利紀著『学校心理学―教師・スクールカウンセラー・保護者のチームによる心理教育的援助サービス―』誠信書房　©Ishikuma & Tamura 1997-2003

12 「保健室登校」生徒へのチーム援助

養護教諭

近年、保健室（相談室）登校の子どもが増加し、学校では職員や保護者の連携を生かした対応が求められています。

ここでは、保健室登校のナツミさんに対して、学校職員と母親のチームで援助した様子について紹介します。

1．ナツミさん（中1）の学校での様子

ナツミさん、中学1年女子。成績は中の上。家族構成は両親と兄の四人家族。

小学校高学年からクラスになじめない等の理由で欠席がやや増えていましたが、中学入学後は、特に問題もなく学校生活を送っていました。しかし、1年生の3学期に上級生の女子生徒とのトラブルがきっかけとなり、保健室来室が急増しました。

2．援助チームの立ち上げ

(1) 校内の援助チームづくり

ナツミさんは、1年生の3学期に突然、「怖くて教室にいられない」と言って、保健室に来室しました。ナツミさんの話を聞いてみると、上級生の女子数名から呼び出され、挨拶や言葉遣いに関して注意を受けたということでした。

養護教諭がナツミさんの了承を得て担任に事情を伝え、学年職員と共に該当する生徒を呼んで話を聞きましたが、そのような事実は確認できませんでした。

その後ナツミさんは「教室にいるのが怖い、落ち着かない」と保健室に来室し、教室へ行くことを渋るようになりました。担任は、ナツミさんの気持ちを教室に向けようとかかわっていましたがうまくいかず、ナツミさんの保護者からも「ナツミが上級生に脅されたに決まっている。もっときちんと対応できないのか」と批判的に言われ悩んでいる様子が見られました。

以上のような状況から養護教諭がナツミさんと人間関係のできている心の教室相談員（以下相談員）の協力を得て、担任・養護教諭・相談員でチームを組み、ナツミさんへの援助を行っていくことを提案しました。そして、チームでの情報の伝達や連絡調整、話し合いの設定等、養護教諭がチームにおけるコーディネーターとなり、チームづくりへむけて働きかけました。

最初に行ったチームの話し合いでは、ナツミさんに関する情報交換と今後の援助方針や援助方法について検討しました。

ナツミさんについて、担任から「小学校の時から友人関係が狭く友人とのトラブルが多かった。現在も学校生活全般に適応しきれていない」、養護教諭から「集団生活に対する不安が大きく学校での居場所がないと訴えている」ことが話されました。相談員からは「ナツミさんが教室に行けないのは上級生とのトラブルが一つのきっかけになってはいるが、様々な要因が関係しているのではないか」という見方が示されました。

　今後の援助方針としては、ナツミさんを無理に教室に行かせるのではなく、保健室・相談室で様子をみて、以下のような役割分担をして、お互いの立場を生かしたかかわりをもとうと確認し合いました。

<担任>　ナツミさんとの関係が切れないようにコミュニケーションを大切にする。ナツミさんの保護者と定期的に連絡をとり、家庭との信頼関係づくりに努める。

<養護教諭>　ナツミさんに保健室を居場所の一つとして利用してよいことを伝え、保健室が安心できる場となるよう努める。

<相談員>　定期的にナツミさんと話す時間をとる。保健室と同様、相談室（心の教室）もナツミさんにとって安心できる居場所となるように努める。

(2)　保護者を交えた援助チームへ

　ナツミさんは、2年進級をきっかけに自主的に教室へ登校するようになりましたが、5月になると集団生活の居心地の悪さを訴え、再度保健室登校となりました。ナツミさんには、新しく代わった担任、養護教諭、相談員が前年度同様にチームでかかわることを確認し合いました。　チームの話し合いでは、養護教諭から「ナツミさんは、"何のために学校にきているのだろう""どうして教室に行けないんだろう"と話し、自分へのいらだちや無力感が強まり、苦しんでいる様子がみられる」「腹痛や気分不良等の身体症状の訴えが多くなっている」ことが話されました。

　相談員からは「ナツミさんは家族への不満や寂しさについて訴えることが多くなっている」という報告がありました。

　これらのことから、保護者との連携を強化する必要性が確認され、了承を得たうえで、保護者をまじえたチームの話し合いを設定することになりました。

　話し合いは、保護者がはじめてのチーム参加であることを考慮し、それぞれの自己紹介と自由な情報交換の場としました。そして、後日話し合いの内容について石隈・田村式援助チームシート（石隈　1999）にまとめ、情報の整理や援助内容の確認を行いました（第1回の援助チームシート参照）。

(3)　援助チームの拡大へ

　ナツミさんは、2年生の2学期になると身体症状も落ち着き、情緒も安定してきました。チームの話し合いでは、援助の中心を学習面へ移し、個別の学習指導を充実させることにしました。

　個別学習を進めるにあたって、教科担任や地域事業により不登校の対応として新たに配置された学生ボランティアの協力を得ること、援助者が増えチームが拡大しても情報の伝達

や連絡が円滑に行われるよう引継ノートを活用すること等が検討されました(第2回の援助チームシート参照)。

これらのナツミさんの様子や援助内容については、学年主任や養護教諭がそのつど職員会議に報告し、全職員の共通理解が図られるよう考慮しました。

家庭では、母親がナツミさんを買い物に誘ったり、好きな映画の話をしたりしてナツミさんに歩み寄ろうとしている様子がうかがえ、ナツミさんにとって家庭が落ち着ける場所として機能し始めていることがわかりました。

2年生の3学期にはナツミさんの個別学習も定着し、保健室に置いている「らくがきノート」を介して友人とメッセージのやりとりもはじめました。ナツミさんのほうから「このままじゃいけないよね」という言葉が聞かれることもあり、教室への登校を前向きにとらえている様子がみられました。

ナツミさんにとって安心できる居場所があることが情緒の安定につながり、学習習慣の定着や学習意欲の向上、友人とのコミュニケーションの拡がりが、教室へ行く動機付けとなっている様子がうかがえました。

3. 連携を振り返っての考察

チーム援助を進めるにあたって養護教諭としてどうかかわったかという視点で実践を振り返ってみたいと思います。

> ①保健室でのナツミさんへの直接的かかわりと同時に、ナツミさんの様子を的確に捉えて情報を整理し、タイムリーに必要な援助資源へつなげるというコーディネーターとしての役割が重要となりました。

瀬戸・石隈(2002)は、チーム援助において養護教諭がコーディネーションを担うことが少なく、その基礎となる能力、権限においても自己評価が低いということを報告しています。しかし、保健室が子どもたちの心の居場所となり、様々な問題の窓口として機能している現状から、それらの問題を養護教諭がどうとらえ、いつ、どんな援助資源につなげていくか、すなわち、コーディネーターの役割をはたすことが援助の鍵を握るのではないでしょうか。養護教諭が積極的に援助資源をつなぎ広げる働きかけをすることが求められていると考えます。

> ②コーディネーターとしてチームを構成するメンバーの理解と協力を得てチームを形成し、援助を進めることが大切だと考えます。

本事例では、校内の連携はスムーズにいきましたが、保護者との関係作りが進まず、保護者のチーム参加が遅れてしまいました。

石隈・田村(2003)は、保護者がチーム援助へ抵抗が強い場合の留意点として、「保護者と先生が上下の関係ではなく、横の関係で話せる雰囲気を作る」とし、保護者の心情へ細やかな配慮を行うことが子どもを大切にすることにつながる、と述べています。

効果的にチーム援助を行うためにも、コー

ディネーターが子どもの問題を中心に置いて連携のタイミングをはかり、援助者のおかれている立場を理解しながらていねいに働きかけていくことが必要ではないかと考えます。

> ③養護教諭が校内の各種部会・委員会に参加し、チーム援助に関して話をすることで、システムへの働きかけが可能となりました。

本事例では、筆者がナツミさんの状況や援助内容について積極的に話をし、各種部会・委員会においてチーム援助に対する職員の意識を高めようとしました。これは、ナツミさんの事例を含めた保健室・相談室登校の生徒への援助体制を職員全体で見直すきっかけとなり、不登校対応の学生ボランティア配置へとつながりました。

子どもたちの心の問題が深刻化するなか、心身両面から子どもを理解することのできる立場を生かし、システム全体における援助サービスの運営に働きかける視点(石隈 1999)が、今後益々必要となってくるのではないかと考えています。

田村・石隈式 (1997-2003)【援助資源チェックシート】

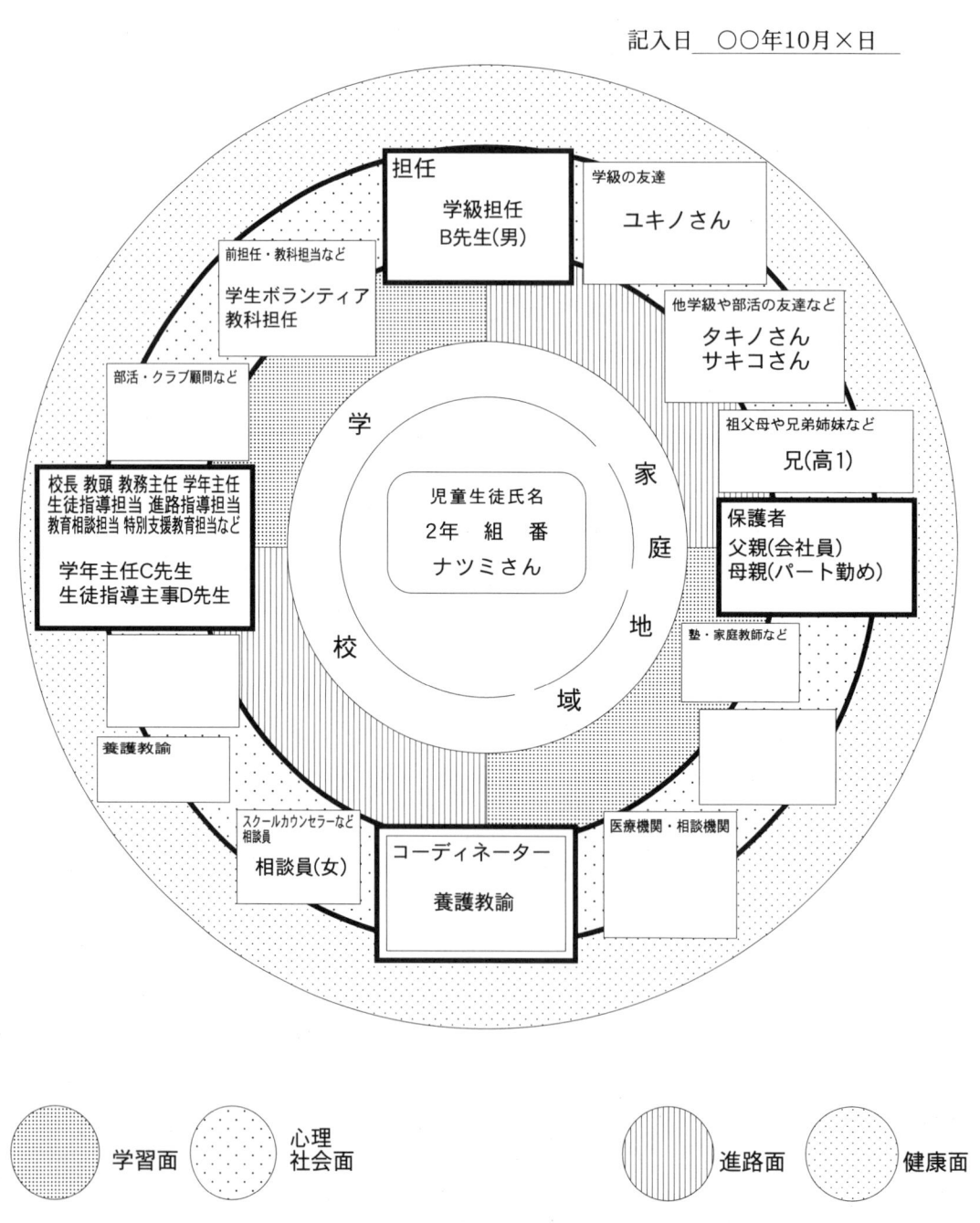

記入日　〇〇年10月×日

- 担任
  - 学級担任
  - B先生(男)
- 学級の友達
  - ユキノさん
- 前担任・教科担当など
  - 学生ボランティア
  - 教科担任
- 他学級や部活の友達など
  - タキノさん
  - サキコさん
- 部活・クラブ顧問など
- 祖父母や兄弟姉妹など
  - 兄(高1)
- 校長 教頭 教務主任 学年主任
  生徒指導担当 進路指導担当
  教育相談担当 特別支援教育担当など
  - 学年主任C先生
  - 生徒指導主事D先生
- 保護者
  - 父親(会社員)
  - 母親(パート勤め)
- 児童生徒氏名
  - 2年　組　番
  - ナツミさん
- 学校 / 家庭 / 地域
- 養護教諭
- 塾・家庭教師など
- スクールカウンセラーなど相談員
  - 相談員(女)
- コーディネーター
  - 養護教諭
- 医療機関・相談機関

○ 学習面　○ 心理社会面　‖ 進路面　○ 健康面

参照：石隈利紀・田村節子著『石隈・田村式援助シートによるチーム援助入門―学校心理学・実践編―』図書文化
石隈利紀著『学校心理学―教師・スクールカウンセラー・保護者のチームによる心理教育的援助サービス―』誠信書房
©Ishikuma & Tamura 1997-2003

【石隈・田村式援助チームシート 自由版】 実施日　：平成○年7月×日（　）16時00分～17時00分　第1回
次回予定：平成　年　月　日（　）　時　分～　時　分　第　回
出席者名　担任・養護教諭・相談員・母親

苦戦していること（集団生活への不安が強い。身体症状の訴えが多い　）

児童生徒名 2年　組　番 ナツミさん 担任氏名 B先生		学習面 (学習状況) (学習スタイル) (学習) など	心理・社会面 (情緒面) (ストレス対処スタイル) (人間関係) など	進路面 (得意なことや趣味) (将来の夢や計画) (進路希望) など	健康面 (健康状況) (身体面の様子) など
情報のまとめ	（A）いいところ 子どもの自助資源	・国語・社会が得意 ・文章を書くのがうまい　（担任） ・絵をかくのが得意　（母親）	・親友がいる ・話をすることが好き　（担任） ・ボーっとしたり昼寝をすることが好き　（母親）	・ロックが好き　（母親） ・ファッションに興味がある　（養護教諭）	・身体症状を訴えることができる　（養護教諭） ・散歩が好きである　（相談員）
	（B）気になるところ 援助が必要なところ	・大幅な学習の遅れがある　（担任） ・学習への意欲が低下している　（担任・母親）	・集団生活に対する不安が強い　（養護教諭・担任） ・家族に受容してもらいたい欲求が強い	・両親は高校進学を望んでいるが、ナツミさんは進路を真剣に考えようとしない　（担任・母親）	・気分不良，腹痛などの身体症状の訴えが多い　（養護教諭） ・食欲が低下し，やせてきている　（相談員）
	（C）してみたこと 今まで行った，あるいは，今行っている援助とその結果	・保健室や相談室でプリントや問題集を使って自習している	・養護教諭と相談員がA子の訴えを受容する	・進路希望調査の実施。→ほとんど記入しないまま提出する	・専門医の受診をすすめる →内科受診したが器質的な異常はない
援助方針	（D）この時点での目標と援助方針	①ナツミさんに受容的にかかわり，安心できる居場所を確保する ②ナツミさんの身体症状を継続的に観察する ③ナツミさんの情緒面を見ながら個別学習を進める			
援助案	（E）これからの援助で何を行うか	①個別学習についてナツミさんと話をする →わからない教科や単元の確認 →個別学習に対するナツミさんの気持ちを確認 ②プリントや問題集で自習をさせる	①ナツミさんの訴えをよく聴き受容的にかかわる →保健室・相談室・家庭が安心できる居場所となるように	①個別学習で学習面の遅れをうめることで，進路に目が向くようにする	①身体症状を観察する ②食事摂取量と体重減少を注意深く観察する ③心療内科の受診も考えていく →保護者・ナツミさん自身の気持ちを確認し，慎重に進める
	（F）誰が行うか	①担任 ②担任・養護教諭	母親・相談員・養護教諭	担任 養護教諭	①養護教諭・母親 ②養護教諭・母親 ③担任・養護教諭・母親・相談員
	（G）いつからいつまで行うか	①ナツミさんの情緒が安定しているとき ②教室の登校ができるまで	①継続中 →ナツミさんの状態が安定するまで	①ナツミさんの情緒が安定しているとき ②教室への登校ができるまで	①継続中 ②食欲が回復するまで →保護者とナツミさんの様子をみて検討

参照：石隈利紀・田村節子著『石隈・田村式援助シートによるチーム援助入門―学校心理学・実践編―』図書文化
　　　石隈利紀著『学校心理学―教師・スクールカウンセラー・保護者のチームによる心理教育的援助サービス―』誠信書房
© Ishikuma & Tamura 1997-2003

【石隈・田村式援助チームシート 自由版】

実施日　：平成〇年10月×日（　）16時00分～17時00分　第2回
次回予定：平成　年　月　日（　）　時　分～　時　分　第　回
出席者名　担任・養護教諭・相談員

苦戦していること（学習の遅れがある。保健室登校である　　　　　　　　　　）

児童生徒名 2年　組　番 ナツミさん 担任氏名 B先生		学習面 （学習状況） （学習スタイル） （学力） 　　　　　　など	心理・社会面 （情緒面） （ストレス対処スタイル） （人間関係） 　　　　　　など	進路面 （得意なことや趣味） （将来の夢や計画） （進路希望） 　　　　　　など	健康面 （健康状況） （身体面の様子） 　　　　　　など
情報のまとめ	（A） いいところ 子どもの自助資源	・少しずつ学習への意欲が高まっている	・情緒が安定してきた ・保健室に来室した生徒と気軽に話ができるようになった	・自分の進路を真剣に考えるようになった	・身体症状の訴えが減った ・体重減少は落ち着いている
	（B） 気になるところ 援助が必要なところ	・大幅な学習の遅れがある（特に英語・数学）	・教室へ行くことにはまだ抵抗がある	・学習の遅れから高校進学に不安を持っている	・時々，保健室で気分不良や　痛を訴える
	（C） してみたこと 今まで行った，あるいは，今行っている援助とその結果	・プリントを中心に自習を進めたが，学習習慣が定着しなかった	・保健室と相談室をナツミさんの主な居場所とし，情緒の安定が図られた		・心療内科の受診を勧めたが，ナツミさん・母親ともに拒否的であった
援助方針	（D） この時点での 目標と援助方針	①ナツミさんの情緒面を見ながら，計画的に個別学習を進める ②ナツミさんが安心できる場所を確保する ③ナツミさんの身体症状を継続的に観察する			
援助案	（E） これからの援助 で何を行うか	①個別学習の進め方についてナツミさんの意見や考えをきく ②教科担任や学生ボランティアの協力を得て個別学習を進める ③引き継ぎノートを活用し，計画的に個別学習を行う	①ナツミさんの訴えをよく聴き受容的にかかわる ②保健室のらくがきノートを活用し，友人とのコミュニケーションを広げる	個別学習を充実させる	①身体症状を観察する ②食事摂取量と体重の増減を観察する
	（F） 誰が行うか	①担任 ②・③担任・教科担任・学生ボランティア	①養護教諭・相談員・母親 ②養護教諭	担任・教科担任 学生ボランティア	①養護教諭 ②母親
	（G） いつから いつまで行うか	①すぐに ②③　①を確認した後	①継続中 ②ナツミさんの様子を見て適宜	学習面の援助①を確認後	①②継続中 身体症状が落ち着くまで

参照：　石隈利紀・田村節子著『石隈・田村式援助シートによるチーム援助入門―学校心理学・実践編―』図書文化
　　　　石隈利紀著『学校心理学―教師・スクールカウンセラー・保護者のチームによる心理教育的援助サービス―』誠信書房
©Ishikuma & Tamura 1997-2003

13 アスペルガー症候群の生徒とのかかわり

スクールカウンセラー

　アスペルガー症候群と診断された生徒について、チームで援助した事例を、援助者間のチームワークに焦点をあてて紹介します。

　アスペルガー症候群とは、自閉症の連続体であり、社会性、コミュニケーション、想像力(こだわり)の3領域に障害がみられるがことばの発達に障害のない場合を指します。

1. アキオくん(中1)の学校での様子

　援助開始時のアキオくんは中学1年生。アキオくんには両親と小学校5年生の弟がいます。アキオくんは、幼稚園の頃は、パニックになり、幼稚園や学校を飛び出すこともありました。そのため、しばしば両親は学校に呼び出されていました。その度にアキオくんは両親から強く叱られ、担任の先生からも注意を受けていました。

　高学年になると、パニックは治まってきましたが、友達が少なく、遊びの輪に入ることはほとんどありませんでした。友達にからかわれたり、いじめられたりすることも多く、周囲から「変わった子」と見られるようになりました。

　母親は、身内からも親の責任だと責められ「自分の育て方が悪かったのか」と、悩んでいました。しかし、成績は上位だったため、両親は専門機関への受診は考えていませんでした。

　中学でも、アキオくんはクラスで一風変わった子として浮いた存在となり、いじめられるようになりました。そして、1年生の5月の連休あけから学校を休み始めました。驚いた両親は、「いじめが原因で不登校になっている」と担任に相談しました。担任の先生も、アキオくんとのコミュニケーションが思うようにとれないため、スクールカウンセラーに相談し、そこからチーム援助が開始されました。

2. 援助チームの立ち上げ

　スクールカウンセラーが得た担任の先生の情報(小学校時の引き継ぎや、最近の行動観察、絵・作文など)は、アキオくんが発達障害をもっている可能性を示唆していました。

　さらにアキオくんは、いじめなどのために自尊感情が低くなり、二次的に不登校状態を引き起こしていると考えられました。

　担任の先生とスクールカウンセラーは、すぐに援助に入ることにしました。

　担任の先生は、母親にスクールカウンセラーとの面接を勧めました。悩んでいた母親は心

よく了解しました。さらに担任の先生は、学級内であったいじめについて学年で検討することにしました。また、アキオくん自身の様子については、担任の先生が家庭訪問でかかわりをもちながら行動観察することにしました。

スクールカウンセラーは、保護者との面接を開始し、時期を見て担任の先生と保護者とスクールカウンセラーの合同の話し合いを保護者に提案することにしました。

こうしてアキオくんに対する援助チームがスタートしました。

3．担任の先生とアキオくんとのかかわり

初めて担任の先生が家庭訪問した日、アキオくんは表情のない顔で茶の間でテレビゲームをしていました。母親によると、アキオくんはテレビゲームにはまっていて、朝から晩まで夢中になっているとのことでした。部屋に入った担任の先生を、ちらっと一瞥しただけで、アキオくんは黙々とゲームをしていました。それを見た母親が、「ほら、先生がきたよ。少しはゲームを止めなさい！　こっちを見なさい！」と矢継ぎ早にアキオくんに声をかけました。担任の先生は母親の声を制しながら、そっと近寄りアキオくんの隣に座りました。そして「一緒にやっていい？」とアキオくんに聞き、担任の先生も一緒にゲームに加わりました。それは、上から落ちてくる風船を割るというゲームでした。

担任の先生は、テレビの画面を見ながらアキオくんと会話をしました。アキオくんと担任の先生がテレビ画面を介してコミュニケーションをとることは、視線が合わず一番抵抗が生じにくいコミュニケーションの方法です。アキオくんは、無愛想ではありますが、少しずつテレビゲームの話題で担任の先生と会話ができるようになりました。

担任の先生は、家庭訪問を継続し、アキオくんと関係を深めていきました。アキオくんは、担任の先生の家庭訪問を心待ちにするようになりました。あとから分かったのですが、アキオくんは、大人でもできそうな自分の持っている一番簡単なゲームをやっていたのでした。

4．医療機関を紹介するまで

スクールカウンセラーは、母親との面接から、小さい頃のアキオくんの様子について、次のような情報を得ました。
・言葉の遅れがあった
・おとなしい赤ちゃんだった
・ごっこ遊びをしなかった
・同年代の友達と遊ぶことがあまりなかった
・場にふさわしい行動がとれず叱られることが多かった
・こだわりが強く、親や先生が困ることが度々あった
・動物についてはよく知っている
・不器用である　など

これらの母親の話から発達障害が疑われることを母親に話し、専門医に受診することを勧めました。母親は、スクールカウンセラー

の話を聞き、「あ〜、それであの子の不思議なところの説明がつきます」と、納得し「私の育て方が悪かったのではないのですね」と、涙をこぼしました。スクールカウンセラーは、母親に紹介状を渡し、受診に対する不安を和らげました。

5．援助チームでの話し合い

診断の結果、アキオくんはアスペルガー症候群でした。そこで、受診結果を踏まえて、今後どのように学校内で援助していくかについて、担任の先生と保護者とスクールカウンセラーで話し合いの場を持ちました。その際、母親の了解を得て、援助チームシート（5領域版）と、援助資源チェックシートを用いて話し合いの内容を記入していきました（援助チームシート参照）。

(1) 援助資源チェックシート

アキオくんには、現時点で次のようなサポーターがいました。

・ハルヒコ、ナツヒコ（幼なじみ）
・病院（発達障害の専門医）
・学年主任

次回からは、話し合いに学年主任の先生にも加わってもらい、他の先生方にも内容を伝えてもらうことにしました。その際、援助チームシートを、関係する援助者が共有してもいいとの了解も保護者から得ました。

(2) 援助チームシート

アキオくんのいいところ（●印）と気になるところ（■印）については、次のとおりです。

学習面
●興味のあることには集中力あり・数学が好き、解説書（ＴＶゲームや電化製品など）が好き・動物について博学
■漢字、作文が苦手・課題量が多いととりかかれない、作業が遅い、能力の偏りがある

言語・運動面
●会話はよく交わせる
■運動は苦手、できなくても「できる」と言う、緊張すると体が固くなる

心理・社会面
●ふだんはおだやか
■その場に合った振る舞いと言葉が使えない、対人関係が結びにく、人混みが苦手

健康面
●体力はある
■人見知りをする、聴覚と視覚（光）・味覚・触覚の過敏さがある、スキンシップは苦手、偏食がある

生活面・進路面
●ゲームが好き、ＴＶは情報番組が好きでセリフを暗記できる
■身支度に時間がかかる

以上のことと、今までしてみたことやその結果を踏まえて（援助チームシート参照）、援助方針を話し合いました。その結果、とりあえずの援助方針を次のように決めました。

①アキオくんの自助資源（いいところ）を生かし、自尊感情を高める。
②安心できる人と場所を確保し学習面、言

語・運動面、心理・社会面、健康面、生活面・進路面にスモールステップでかかわる。

③医療機関との連携

そして、具体的な援助案を下記のように決めました。

学習面
①アキオくんの好きな数字のパズルを出し、楽しみながら達成感がもてるようにする。
②本人にあった勉強方法を提供するために知能検査を実施。

言語・運動面
①否定的なことが言えるように、はじめは援助者が「〜が嫌なのかな？」などとアキオくんの気持ちを言語化する。
②機会をとらえてアキオくんの動物についての知識を他生徒にも知らせる。

心理・社会面
①先の予測がつくように、やることを明確にし安心感を与える（段取りをつける）。
②ゲームで関係を深める（一緒に楽しみ、ほめる）。
③家庭訪問の継続。
④保護者面接の継続。

健康面
①味覚過敏があるので、給食は本人が食べられるメニューの時だけとする（献立表で事前に決めておく）。他は弁当持参とする。
②触覚過敏があるので、スキンシップは避ける。

生活面・進路面
①身支度等は、過度にならない程度の声かけをする。「早くしなさい！」→「○○分までにやってね」など明確に話す。

そして、以上のことを、誰が、いつから、いつまでやるのかを決定しました。そして、1か月後に集まって、うまく行っていること、行っていないことの評価をし、援助案を修正することにしました。

6．援助チームの拡大と援助案の修正

2学期になると、アキオくんの表情はしだいに明るくなり、校内の相談室に2時間ずつ徐々に登校できるようになりました。毎月開いている援助チームでの話し合いも、保護者、担任の先生、スクールカウンセラーの他に、学年主任、生徒指導主事の先生方も加わった拡大援助チームとなりました。

援助資源チェックシートには、教科の先生方や学級生徒の名前が増え、援助資源は援助スタート時と比べ約3倍になりました。

援助チームシートには、次のことを加筆しました。

①課題を簡単なものから始め、達成感を味わえるようにする。
②目で見る能力も活用する（声かけだけではなく、板書もする）。
③アキオくんへの温かい気持ちとかかわりが生まれるように学級生徒へ少しずつ働きかける。

アキオくんは、別室で援助を受けながら、担任の先生の働きかけにより学校生活にも少しずつチャレンジしていきました。担任の先生は、学級の生徒にアキオくんの状況（大き

な声が苦手などアキオくんが不快に感じることなど)を話し、学級の生徒もアキオくんも、不安をもたないで互いに接することができるように工夫しました。

以上のことは、援助チームでの話し合いで、母親や他のメンバーと確認しながら行われました。

そして、アキオくんは、担任の先生以外の先生方や給食を運んでくる生徒たちと、ぎこちないながらもコミュニケーションを少しずつもてるようになりました。また、アキオくんの関心のある学校行事(芸術鑑賞会や文化祭など)にも、最後列で同級生と一緒に参加できるようになりました。

また、スクールカウンセラーの勧めで、アキオくんの将来のことを考慮し、発達専門の相談機関にも保護者とアキオくんは通い始めました。そこで、保護者とアキオくんは、ペアレントトレーニングとスキルトレーニングを定期的に受けました。このようにアキオくんの援助は、成人になった時のことも踏まえながら、これからの進路先を加味しつつ、複数の援助者と共に進められていきました。

7. 連携を振り返っての考察

アキオくんのように三次的援助サービスが必要な子どもの成長にとって、複数の援助者とのかかわりは必要不可欠と言えるでしょう。そして、それらの援助者が、それぞれの自分の専門の立場から、その子のいいところ(自助資源)に着目し、伸ばすようにかかわることも欠かせません。しかし、援助者の援助方針がバラバラだと、子どもや家族が混乱してしまいます。援助者には、援助方針を共通理解し、それぞれが同じ小さな目標のために異なった役割を担いつつ、相互に補いながら協力する姿勢が求められます。

① 援助シートの活用について

この事例では、アキオくんに関係する援助者が役割分担をしつつ、援助を進めていきました。そして、校内で援助方針を話し合ったり、具体的に役割分担しながら援助を行うために、援助シートを活用しました。

援助資源チェックシートは、子どものサポーターを捜すために使用しました。援助チームシート(5領域版)には、援助ニーズが高いアキオくんの情報収集・援助方針・援助案を記入しました。

シートを使用することで、援助チームメンバーの人選や、収集すべき事実の情報は何かが明確になり、援助方針や援助案の決定に役立ちました。援助チームシートは、保護者を含めたメンバー全員が共有しました。

② 援助チームでの話し合いについて

コーディネーター(この事例ではスクールカウンセラー)は、サポーターをタイミングよく話し合いのメンバーに加えていきました。そして、援助者が、それぞれの立場で「アキオくんに何ができるか」を、提案し合えるように話し合いを工夫しました。このことは、保護者自身の子どもへのケアテーカーとしての意欲を促進することにも役立ちました。

③ 発達専門の相談機関への紹介について

アキオくんの障害や特性は一生涯続いていきます。親にとっては、特別な援助ニーズを

もつ子どもの先行きは、不安で仕方がないものです。そのため、短期的な援助だけではなく、長期的な援助を視野に入れる必要があります。そこで、アキオくんが受ける援助が卒業後もつながっていけるように、医療機関だけではなく発達専門の相談機関にもつなぎました。

　発達専門の相談機関は、義務教育が終了した後の進路選択や、職場情報などの援助資源情報を豊富にもっています。さらに、親の会などを通して、子どもたちがどのような生活を送っているかについても有益な情報を提供してもらえます。

　したがって、コーディネーターは、できるだけ多くの地域の情報を集め、コーディネーター自身が人的ネットワークを築いておくことも大切な仕事となります。そして、校内と校外との援助資源の橋渡し役を果たすことで、子どもへの援助が長期的に継続され、子どもの福祉に役立っていきます。

　最後に、援助チームがスムーズに機能するためには、**子どもや保護者との信頼関係を築くことが何よりも大切である**ことを、自戒をこめて強調したいと思います。

【石隈・田村式援助チームシート 5領域版】 実施日 ： ○○年○月○日　13時40分〜14時30分　第1回
次回予定： ○○年○＋1月○日 13時40分〜14時30分　第2回
出席者名： 母親、担任、スクールカウンセラー

苦戦していること(学校に行きたがらない。アスペルガー症候群との診断を受けている)

児童生徒氏名 年組番 アキオくん 担任氏名	知的能力・学習面 (知能・学力) (学習状況) (学習スタイル) など	言語面・運動面 (ことばの理解や表現) (上下肢の運動) など	心理・社会面 (情緒面) (人間関係) (ストレス対処スタイル) など	健康面 (健康状況) (視覚・聴覚の問題) など	生活面・進路面 (身辺自立) (得意なことや趣味) (将来の夢や計画) など
情報のまとめ (A) いいところ 子どもの自助資源	・興味のあることには集中力あり ・数学が好き ・解説書が好き ・博学 (動物について)	・会話はよく交わせる	・ふだんはおだやか	・体力はある	・ゲームが好き ・TVの情報番組の台詞を暗記できる
(B) 気になるところ 援助が必要なところ	・漢字・作文苦手 ・課題量が多いととりかかれない ・作業が遅い ・能力の偏りがある	・運動が苦手 ・できなくても「できる」という ・緊張すると体が固くなる	・その場に合った振る舞いと言葉が使えない ・対人関係が結びにくい ・人混みが苦手	・聴覚・視覚・味覚・触覚が敏感 ・スキンシップは苦手 ・偏食がある	・身支度に時間がかかる
(C) してみたこと 今まで行った，あるいは，今行っている援助とその結果	・家庭教師が学習を援助(週2回程度) →苦手な漢字に少しずつ取り組めるようになった	特になし	・予定が変更になるとついていけない	特になし	・「早く!」とせかすと失敗が多い
援助方針 (D) この時点での 目標と援助方針	①アキオくんのいいところ(自助資源)を生かし、自尊心を高める ②安心できる人と場所を確保し、学習面、言語・運動面、心理・社会面、健康面、生活面・進路面にスモールステップでかかわる ③医療機関との連携				
援助案 (E) これからの援助で何を行うか	①アキオくんの好きな数学に関したパズルを少な目に出し、楽しみながら達成感がもてるようにする ②本人にあった勉強方法を提供するために、知能検査を実施する	①否定的なことが言えるように、はじめは援助者が「嫌なのかな?」とアキオくんの気持ちを言語化する ②機会をとらえてアキオくんの動物の知識を他生徒にも知らせる	①段取りをつけ不測の事態をできるかぎり避ける ②アキオくんが興味のあることを一緒に楽しみ、認めほめる ③家庭訪問の継続 ④保護者面接の継続	①味覚過敏があるので、給食はアキオくんが食べられるメニューのときだけ出す(献立表であらかじめアキオくんが決めておく)。の日は弁当を持参する ②触覚過敏があるので、スキンシップはしない	①過度にならない程度の声かけをする「早くしなさい!」→「○○分までにやってね」など明確に話す
(F) 誰が行うか	①担任 ②スクールカウンセラー	①保護者など家族・担任・スクールカウンセラー、教科担当 ②担任・学年主任	①担任・保護者など家族 ②担任・保護者など家族・友達 ③担任 ④スクールカウンセラー	①担任・学年主任・保護者 ②担任・教科担当	①保護者など家族・担任・学年主任・教科担当
(G) いつから いつまで行うか	・今日から今月末まで→その後の修正	・今日から今月末まで→その後の修正	・今日から今月末まで→その後の修正	・今日から今月末まで→その後の修正	・今日から今月末まで→その後の修正

参照：石隈利紀著『学校心理学―教師・スクールカウンセラー・保護者のチームによる心理教育的援助サービス―』誠信書房 ©Ishikuma & Tamura 1997-2003
石隈利紀・田村節子著『石隈・田村式援助シートによるチーム援助入門―学校心理学・実践編―』図書文化

14 三つの機関の協働を円滑にすすめた援助シート

教育相談係

1．フユオくん(中3)の様子

　このレポートは、「石隈・田村式援助シート」を活用した相互コンサルテーション「作戦会議」を継続的に持った「援助チーム」の約半年間にわたる取り組みの紹介です。

　援助対象のフユオくんは、不登校を改善するために中学3年の9月に転入しました。しかし、始業式と翌日の実力テストを受けて以降は、引きこもり状態の不登校に戻りました。また、母親にもかなりの精神的な不安定さを思わせる言動がありました。

　9月下旬から、相談機関での教育相談を母子が継続して受けるようになったので、教育相談係、学級担任、相談機関の教育相談員2人（フユオくん担当・母親担当）、適応指導教室担当者の5名をメンバーとしての「作戦会議」を卒業まで継続してもちました。

　作戦会議は、毎回「援助シート」の各欄に記入するかたちで話し合いを進めました。ここでは第1回目と第4回目のシートを紹介し、6回の会議ごとに話し合った内容とフユオくんの変容について、特徴的なことを中心に述べます。

2．引きこもり状態のフユオくんへの援助 (10月の援助チームシート参照)

(1) 心理教育的アセスメント

【学習面】 不登校による学習習慣の欠如にもかかわらず、実力テストの結果から、1、2年の基礎学力があることがわかりました。

【心理・社会面】 コミュニケーションの齟齬によって母親に対する反発が強く、離別した父に対しても「中学校を卒業したら一緒に暮らすという約束を果たしてくれるのか？」という不安や、学校生活に対する強い拒否感情をもち、行動を押さえている様子がうかがえました。

【進路面】 「以前住んでいた遠方の友人が受ける高校を受験したい」と言うのみで、具体的な受験システムや高校名もわからない状態でした。

【健康・生活面】 不規則ながら昼夜逆転までは至っていない状態でした。

(2) 具体的な援助案

【学習面】 別室、家庭訪問などで教科担当教師による援助。適応指導教室入級になれば、担当者による援助。

【心理・社会面】 カウンセリングで支え、信

頼関係をつくるため担任の家庭訪問の継続実施。

【進路面】 進路情報を集める手段を担任が教える。

【健康・生活面】 母子ともに引きこもりの状態であることを避けるため、別室登校あるいは適応指導教室通級が望ましい。

(3) 作戦会議後の取り組み

担任の勧めにより、フユオくんは適応指導教室に入級しました。入級した直後の3日間は「漫画などの誘惑物が多いので、別室で学習をしたい」と言って他者との交流を求めませんでした。しかし、やがて「集中できるできないは、自分の力だから」と言って、同じ部屋で学習するようになりました。

3. 適応指導教室でのフユオくんへの援助(11月)

(1) 心理教育的アセスメント

【学習面】 適応指導教室通級によって、毎日学習できるようになったことが大きな変化でした。

【心理・社会面】 適応指導教室通級によって、集団適応能力は回復の方向にあると、メンバーの意見が一致しました。

(2) 具体的な援助案

【学習面】 意欲が継続するよう励ます声かけを行う。

【心理・社会面】 自己主張・自己選択し、自己決定しても大丈夫という経験を積むようにして自尊感情を育てる援助を進める。担任は、フユオくんと学校との関係が多面的になることをねらい、級友によるボランティア的ヘルパー活動が可能となるような計画を作る。

(3) 作戦会議後の取り組み
・11月中旬　実力テストを別室で受ける
・11月下旬　選択授業を一時間受ける
・12月上旬　2学期期末考査を別室で受ける

適応指導教室では、他者との交流を図るためレクリエーションに参加することをすすめ、やがて知っているトランプの遊び方を紹介するようにもなりました。

一方、「進学のためにはデータが必要である」と学級担任が指導し、実力テスト・定期テストは入級後も継続して学校で受けるよう体制づくりを進めました。

また、級友によるボランティア的ヘルパー活動が実行され、連絡物を届けたり学校の様子を話すことによって、級友との人間関係が芽生え始めました。

学習面では、「人に言われてするのは嫌だ」と言って、意欲の低下がみられました。

しかし、社会・心理面においては、適応指導教室で構成的グループ・エンカウンターなどの活動を進めたことによって、自発的な会話が目立つようになり、スポーツもできるようになりました。

4. 進路選択についての援助(12月)

(1) 心理教育的アセスメント

【学習面】 適応指導教室担当者のアドバイス

によって、高校受験用の問題集を使った自主学習ができるようになりました。
【心理・社会面】　級友との交流が芽生え、適応指導教室での自発的な言動、部分登校が可能となったこと等は、フユオくんの対人関係能力が徐々に回復している現れと判断しました。

(2)　具体的な援助案
【学習面】　不得意科目の学習を避けないようにする。
【心理・社会面】　フユオくん担当教育相談員から、進路決定の不安と母親への不快感情など、内面の様子が報告されました。母親に対しては、学級担任が家庭訪問し「フユオくんの自主性を尊重してください」と伝えていくことにしました。

　フユオくんには、適応指導教室担当者が「自発的・自律的な行動を取り、通級生との間でより深い信頼関係ができる」ことを援助の目標として、学級担任と連携を密にすることとしました。

(3)　作戦会議後の取り組み
　・12月下旬　学級担任と進路についての懇談
　・1月上旬　実力テストを別室で受ける
　フユオくんは、「入学試験がない。学級がない。通学の自由度が高い高校がよい」という理由で、単位制高校を受験することに決定しました。
　心理・社会面においては、適応指導教室担当者が、同学年の通級生との親交が深まるよう、勉強・ギター・工作などを共にして援助しました。その結果、自分の生い立ちを語ったり、不登校になる以前の学校生活を語るなど自己開示が進みました。

　しかしながら、「家がおもしろくない。母親とは会話が成立しない。家に帰りたくない」と不満を述べるようになり、深夜徘徊が始まりました。

5．深夜徘徊をするフユオくんへの指導（1月の援助チームシート参照）

(1)　心理教育的アセスメント
【進路面】　フユオくんが自分で進路選択をしたことは、自己決定として評価できるとしました。
【心理・社会面】　フユオくんの深夜徘徊をどうとらえるかが問題になりました。深夜徘徊を問題行動として見ることは簡単だが、このような形ででも自分で行動できるようになったことは評価できるという意見もありました。

(2)　具体的な援助案
【学習面】　受験勉強ではなく、可能性を伸ばすための学習とフユオくんが考えるための手だてが必要であると考えました。
【健康・生活面】　未成年であり「枠組み」は必要なことから、その指導を担任・適応指導教室担当者が共同して強化する方策を話し合いました。
【心理・社会面】　フユオくん担当の教育相談員は、情緒的均衡を取り戻すことを目標にカウンセリングを行うことにしました。

　母親担当の教育相談員は、中断していた教

育相談を再開するよう働きかけることに決めました。

(3) 作戦会議後の取り組み
・1月下旬　学年末考査を別室で受ける

母親には学級担任が中心となってかかわり、フユオくんには、学級担任と適応指導教室担当者が「完全な自由はない。他者との関係は常にある。自分の体・心を大切にし、同じだけ周りの人を大切にしてほしい。こちらでの生活を選んだのは君自身なのだから。また、母への不満ばかりを述べるよりも、君自身が家事手伝いなどをして、家庭内での責任を果たすようにしたらどうだろうか」と指導した結果、落ち着きを取り戻しました。

6. 集団生活への転換を援助（2月）

(1) 心理教育的アセスメント
【健康・生活面】門限を担任・母・フユオくんの3人で定めたことにより、深夜徘徊は収まりました。

(2) 具体的な援助案
【健康・生活面】卒業・進学を目前にして、適応指導教室中心の生活から、学校での集団生活への転換を図る。
【心理・社会面】私学合格者の級友によるボランティアヘルパー活動で、学校生活との結びつきを強める。

(3) 作戦会議後の取り組み
・2月　断続的な部分登校を行う（登校日数8日間）
・3月　継続的な登校を行う（登校日数7日間）

級友との間で交換日記が始まり、人間的な結びつきを通して、学校との関係が強まりました。卒業式練習が始まった3月6日からは、学校生活を体験する最後の機会としてとらえ、学校、相談機関、適応指導教室の3機関が一致して登校を促し、フユオくんは卒業式まで登校を継続しました。

進路面では、卒業式前の「進路を語る会・学年合唱の練習」などの体験が、大きな感動体験と学校での集団生活に対する自信となり、受験校を「クラスがある高校がよい」と言って、定時制高校へ変更することになりました。卒業式後も、自分から学習の場を求め、学校及び適応指導教室に通い定時制高校を受験しました。

7. 卒業後の援助先に引き継ぐ（3月）

(1) 心理教育的アセスメント
今までの取り組みを総括し、自己評価するとともに、今後の援助方策について話し合いました。
【心理・社会面】母への悪感情は、今のところ落ち着いているが、予断を許しません。

(2) 具体的な援助案
【心理・社会面】卒業してしまうと、母子に対するこの援助チームによる公的な援助はできなくなるので、子ども家庭センターを紹介する。

(3) 作戦会議後の取り組み

・3月30日　定時制高校に合格

　フユオくんは、合格発表をすぐに援助チームのメンバーに知らせ、感謝の言葉を述べてくれました。また、フユオくん及び母親への援助が行われるよう、保護者の了承を得て、進路先・子ども家庭センターの担当者に概要を知らせました。

8．連携を振り返っての考察

　フユオくんが適応指導教室で書いた「卒業生からのメッセージ」をもとに、評価します。

・入級した動機
　「自分の居場所がわからなくなってつらかったとき、ここを知って入った」
・適応指導教室の評価
　「いい所。落ち着く場所だ。好きな場所。心地よいところ」
・これからについて
　「これから、ちゃんと自分で居場所を見つけにいかないといけない」

　フユオくんの変容について振り返ると、第1ステップとして適応指導教室が心の居場所となり、引きこもりの状態が改善され、第2ステップとして担任・級友の活動により中学校への継続登校が可能となり、第3ステップとして学級・学校集団の中で過ごすことの自信を得て、定時制高校進学を選択するという動きが、連続性をもって進んだと思います。

　それは、複数の機関が援助を行うときしばしば発生する諸問題が、「援助シート」の活用によって、次のように解決されたことによります。

①子どもを多面的に理解することが促進され、目標の設定や援助案を具体的に立案しやすくなった。
②各機関の援助の内容と限界などについて理解が進んだ。
③Face to Face で共同して考えることができ、専門性を生かして、それぞれの援助方策についてアドバイスしあうことができた。

　結論としては、本事例のように「援助シート」を利用しての取り組みの有効性を確認することができた考えます。

田村・石隈式 (1997-2003) 【援助資源チェックシート】

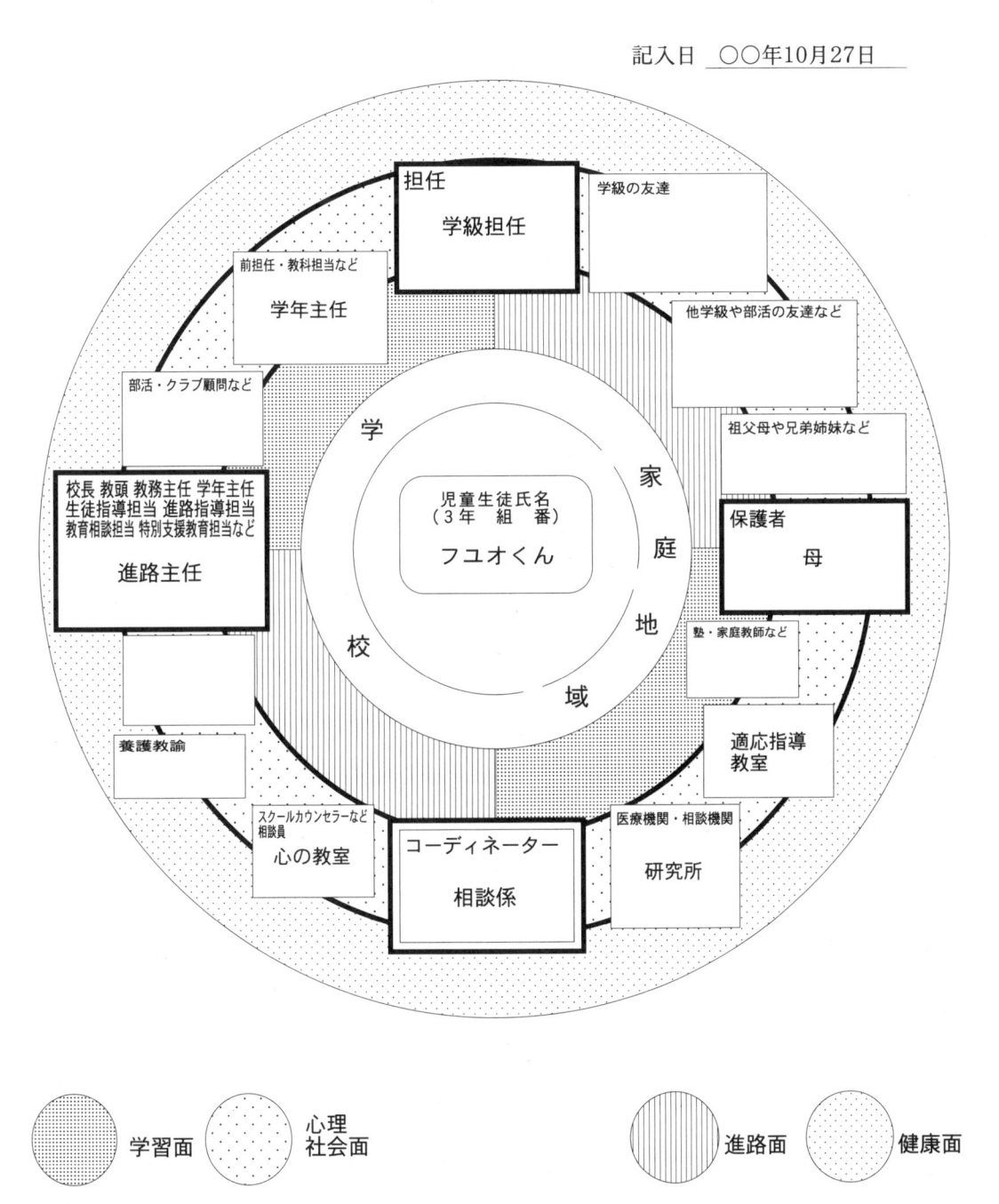

記入日　〇〇年10月27日

中心（児童生徒）
- 児童生徒氏名（3年　組　番）
- フユオくん

内円：学校／家庭／地域

学校関係
- 担任：学級担任
- 前担任・教科担当など：学年主任
- 部活・クラブ顧問など
- 校長 教頭 教務主任 学年主任 生徒指導担当 進路指導担当 教育相談担当 特別支援教育担当など：進路主任
- 養護教諭
- スクールカウンセラーなど相談員：心の教室
- コーディネーター：相談係

家庭関係
- 学級の友達
- 他学級や部活の友達など
- 祖父母や兄弟姉妹など
- 保護者：母

地域関係
- 塾・家庭教師など
- 適応指導教室
- 医療機関・相談機関：研究所

凡例
- 学習面
- 心理社会面
- 進路面
- 健康面

参照：石隈利紀・田村節子著『石隈・田村式援助シートによるチーム援助入門―学校心理学・実践編―』図書文化社
石隈利紀著『学校心理学―教師・スクールカウンセラー・保護者のチームによる心理教育的援助サービス―』誠信書房

© Ishikuma & Tamura 1997-2003

【石隈・田村式援助チームシート 自由版】
実施日　：〇〇年10月27日（　）16時　分～　時　分第1回
次回予定：　年　月　日（　）　時　分～　時　分第　回
出席者名：相談係、担任、教育相談係2名、適応教室担当

苦戦していること（引きこもり状態の不登校　　　　　　　　　　　　　　　）

児童生徒氏名 3年　組　番 フユオくん 担任氏名 T		学習面 （学習状況） （学習スタイル） （学力） など	心理・社会面 （情緒面） （ストレス対処スタイル） （人間関係） など	進路面 （得意なことや趣味） （将来の夢や計画） （進路希望） など	健康面 （健康状況） （身体面の様子） など
情報のまとめ	（A） いいところ 子どもの自助資源	不登校であったのに実力テストは、学年平均近くにある 学習スキルはある	転入前の学校で得た親友への電話連絡	高校進学を絶対のものとしていない 転入前の居住地へ帰りたい	昼夜逆転には至っていない 身体症状は出ていない
	（B） 気になるところ 援助が必要なところ	学校へ行く意義を見い出すこと	母への感情 父への不安 それらへの対処	具体的に考える 今は夢の状態	不規則な生活リズム 外出できるようになること
	（C） してみたこと 今まで行った，あるいは，今行っている援助とその結果	実力テスト前日に約束し、朝迎えに行く 今は逆効果	カウンセリング （週1回）		朝の迎え 拒否はしていない
援助方針	（D） この時点での 目標と援助方針	①母子ともに引きこもり状態になることを避けるために、カウンセリングの継続 ②登校もしくは適応指導教室への入級			
援助案	（E） これからの援助で何を行うか	①心の教室相談員の家庭訪問による学習指導 ②各教科担任からの補助教材の提供 ③別室での指導	①カウンセリング ②担任との信頼関係づくり ③級友の支え （同世代の交流）	①進路情報を本人が集めるよう援助 ②集め方―担任・進路主担が教える	①別室、部分登校でもかまわない ②それができなければ、適応指導教室への入級に向けての体制づくり
	（F） 誰が行うか	①心の教室相談員 ②③教科担任	①研究所の相談員 ②③担任	①進路主担 ②担任	①学年主任 ②適応指導教室担当者
	（G） いつから いつまで行うか	適応指導教室入級まで	卒業まで	年末まで	1か月を限りに

参照：石隈利紀・田村節子著『石隈・田村式援助シートによるチーム援助入門―学校心理学・実践編―』図書文化社
　　　石隈利紀著『学校心理学―教師・スクールカウンセラー・保護者のチームによる心理教育的援助サービス―』誠信書房
　　　　　　　　　　　　©Ishikuma & Tamura 1997-2003

【石隈・田村式援助チームシート 自由版】 実施日　：○○年1月17日（　）16時　分〜　時　分 第4回
次回予定：　年　月　日（　）　時　分〜　時　分 第　回
出席者名：相談係、担任、教育相談係2名、適応教室担当

苦戦していること（母親への不満、深夜徘徊がはじまる　　　　　　　　　　　　　　　）

児童生徒氏名 3年 組 番 フユオくん 担任氏名 T	学習面 (学習状況) (学習スタイル) (学力) など	心理・社会面 (情緒面) (ストレス対処スタイル) (人間関係) など	進路面 (得意なことや趣味) (将来の夢や計画) (進路希望) など	健康面 (健康状況) (身体面の様子) など
情報のまとめ (A) いいところ 子どもの自助資源	実力テストを別室登校し、受ける	同性と交遊ができる 自己の振りかえりができる 人間関係の拡大した	単位制高校を受験したいと意思決定	
(B) 気になるところ 援助が必要なところ	学習意欲の低下	異性との交遊 母への感情	安易な方向に流れていないか？	深夜徘徊
(C) してみたこと 今まで行った，あるいは，今行っている援助とその結果	適応指導教室でのドリル学習	学校生活への誘い	高校見学への誘い	家庭訪問 電話連絡
援助方針 (D) この時点での目標と援助方針	①深夜徘徊に関連して母親との連携を進める ②本人の自立意識を向上させたい ③学校の普通の生徒たちとの交遊を持たせたい			
援助案 (E) これからの援助で何を行うか	①高校合格で終わらない、生きるための学力を身につけること	①カウンセリングの継続 ②学校との関係を強めるため、級友・担任による家庭訪問 ③母への援助	①願書の作成 ②面接指導	①本人への「枠組み・約束」づくり
(F) 誰が行うか	適応指導教室担当者	①研究所の相談員 ②担任 ③研究所の相談員	①進路主担 ②担任	①適応指導教室担当者・担任
(G) いつからいつまで行うか	退級まで	卒業まで	高校進学まで	退級まで

参照：石隈利紀・田村節子著『石隈・田村式援助シートによるチーム援助入門─学校心理学・実践編─』図書文化社
　　　石隈利紀著『学校心理学─教師・スクールカウンセラー・保護者のチームによる心理教育的援助サービス─』誠信書房
　　　　　　　　　　　　　　　　Ⓒ Ishikuma & Tamura 1997-2003

第Ⅳ章
高校における実践

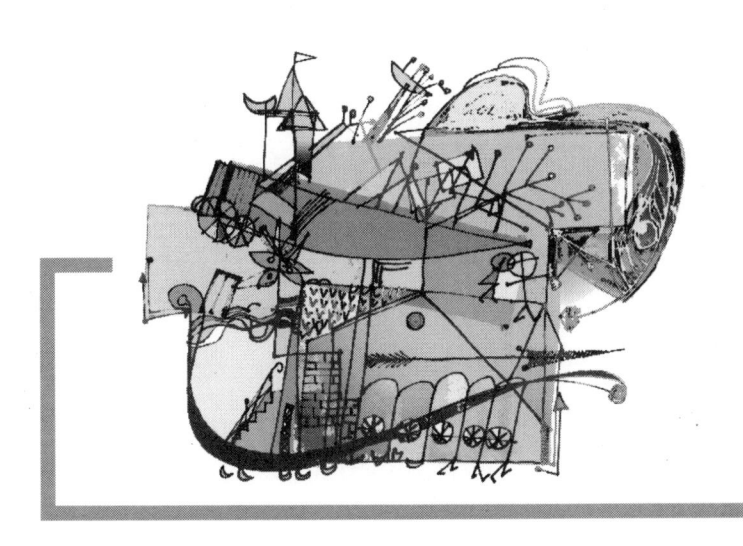

15 留年した生徒へのかかわり

教育相談係

1. アキヨさん（高2）の様子

アキヨさんの家庭環境は、共働きの核家族で、四歳の時に双子の弟が生まれました。教員である母親がアキヨさんの小学校に赴任した5年生の頃から不安定な心理状態が続き、ついに、高校2年の新学期から連続的に欠席してしまいます。その後、相談機関や医療機関に通いましたが登校できず、この年の2学期、欠課時数超過のため進級を断念することになりました。困り果てた母親が学校を訪ねてきたのはこの頃です。

2. 援助チームの立ち上げ

新学期直前の3月、新2年の学年会として留年したアキヨさんを受け入れ、援助することが確認されました。この結果、不登校に理解のあるHR担任が積極的にアキヨさんを引き受け、教育相談係（今回のチームリーダー）がカウンセリングを担当することが了解されました。その後、不安の大きかった父母のための面接を他学年の教育相談係に依頼し、さらに、アキヨさんが身体の不調を訴えて保健室に顔を見せていたことから、養護教諭にも協力してもらうことにしました。

このようにしてチームが編成されましたが、それぞれの役割は次のような分担になりました。

3. 援助チームによる指導・援助の実際

(1) チームでの役割

HR担任は、HRへの帰属意識を持たせるためにHRの情報を提供し、また、HR担任とのリレーション作りを心掛ける。さらに、HRでの居場所作りのため仲間集団を活用したHR経営を行う。

生徒担当の教育相談係は、家庭訪問によって週1回の定期的な相談を行う。また、チームリーダーとしてアキヨさんの心の動きに即応したチーム運営を図る。

父母担当の教育相談係は、学校で週1回の定期的な面接を行い、父母の理解を深めるとともに家族関係の安定化を図る。

養護教諭は、別室登校に備え、また、再登校後に教室での緊張から緊急避難した際、補完的面接を行う。

さらに、チームの分業の効果を上げるために、面接や大きな出来事の後には必ず打ち合せを持つことにしました。

(2) チーム援助の過程

では、実際にアキヨさんの心の変容に伴って、どのようにチームの援助が行われたのか、その過程を六段階に区切ってみていきたいと思います。

① チーム援助の準備
（引きこもり期・4月頃）

引きこもりが長く続いたために孤立的悲観的感情が表出しており、生徒担当がアキヨさんとのリレーション作りを第一にして相談を行いました。ＨＲ担任は、ＨＲへの帰属意識を持たせるためにマイナスの登校刺激にならない程度にアキヨさんと顔合せをしました。

チームとしては、もっぱら問題の把握に努め、介入の時期や方法を検討することにしました。

② チーム援助の開始（自己洞察期・5月頃）

アキヨさんは、「小学生時代、人がうらやむほどの優等生だったが、小学5年から自分だけ崖っぷちに立たされたようだった」「親に人生の宿題をやってもらおうとは思わない」と生い立ちや親についての洞察を深めていきました。

これを受けて、父母担当者による面接が開始されましたが、父母間における不登校に対する認識や対処方法は一致していないようでした。

ＨＲ担任は、本人との接触を控えましたが、一方、ＨＲにおいてはアキヨさんの状況を説明して級友の理解を図りました。この結果、孤立傾向にある級友のハルヨさんが励ましの電話を掛けるという予期せぬ行動が起き、アキヨさんは共感してくれる級友の存在に励まされ、ＨＲがより身近に感じられたようでした。この時、保健室の電話を使わせるなどとハルヨさんを支援したのが養護教諭でした。

③ 登校刺激（動き出し期・6月頃）

アキヨさんが学校近辺の美容院で散髪するという意欲的な行動を起こし始めたのを受けて、登校刺激を試みました。まず、生徒担当が車で学校に連れ出し、後日、ＨＲ担任はＨＲの集合写真を手渡し、学校行事や定期考査の日程を説明しました。

この状況を踏まえて、養護教諭は保健室登校に備え、さらに、父母担当者は家庭での行動の変化を知るために、父母にその報告を依頼しました。この頃、父母面接により、父母間の子育てについての考えのずれが解消され、お互いが受容的になりつつあるようでした。

④ 具体的な助言（再登校期・7月頃）

6月末の定期考査を機に再登校したものの、ストレスがたまり心身のバランスを崩していたため、生徒担当は、在校時間を段階的に増やすよう指示し、またＨＲ担任も、詳しい欠課時数を説明して無理しないよう助言しました。

また養護教諭は、教室での緊張から緊急的に避難した際に補完的面接を行いました。

学校における行動は父母担当者から父母に伝えられ、一貫して静観の態度で接するよう助言しました。

⑤ 行事参加への支援
　　（自己実現期・8～9月頃）

　夏休み中、あせりと不安を持ちながらも自発的に予備校の夏季講習に休まず通いました。また、生徒担当者の誘いでボランティア活動である障害者との一泊のキャンプに参加しましたが、仲間たちに温かく迎え入れられ、車椅子の身障者を黙々と介護する姿は、参加者たちの感動を呼びました。

　これらの体験は、アキヨさんに少なからぬ自信を与えたようです。修学旅行では、級友有志がアキヨさんと同じ班行動を志願するという自発的な支援によって、HRの中へ円滑に溶け込むことができました。

　他方、父母面接においては、親子の会話が著しく増え、家庭内の人間関係は円満になりつつあるとの報告がありました。

　ただし、健康に不安があったため、養護教諭は水泳による体力作りの助言を行いました。

⑥ チーム援助の終結
　　（自己発展期・10～12月頃）

　勉強の遅れにあせりはあるものの、ボランティア活動に専念し、友人もでき、大学進学の意欲も高まったため、アキヨさんの相談は月1回として終結の時期を見計らいました。すでに父母面接は終結とし、HR担任も養護教諭もアキヨさんを特別扱いはせずに見守ることにしました。そして、12月、級友とスキーに行くまでになったために、アキヨさんの相談も終結としました。

4．連携を振り返っての考察

　本校の教育相談部では、HR担任を支援するために当該生徒にかかわりのある教師がチームを組み援助活動を行っています。これまでにチームでかかわったケースは、HR担任と生徒担当者の2人で取り組んだ「強迫神経症の不登校」、HR担任兼父母担当者と生徒担当者の2人で取り組んだ「良い子の挫折型不登校」、HR担任と生徒担当者と父母担当者の3人で取り組んだ「家庭崩壊に伴う不登校」がありますが、いずれも再登校することができました。

　本稿では、これらの経験をもとに4人のチームで取り組んだ「良い子の挫折型不登校」のアキヨさんの事例を紹介しました。

(1) チーム援助の有効性

　これまでのチーム援助の実践から、その有効性は次の3点にまとめられると思います。

　第一に、たとえば、自傷行為などの緊迫した困難な問題に遭遇しても、その問題をチームで共有するために、互いに支え合い1人で悩み苦しむことがありませんでした。

　第二に、同じ職場の気心の知れた同僚によるチームのため、観察・面談の直後に本音でキメの細かい打ち合せを行うことができました。このため、非指示的療法を基本としながらも、刺激・具体的指示・克服体験等の行動療法を含めた折衷的方法で臨機応変・迅速な対応が可能になりました。動き出し期や再登校期には特に効果的であったと思います。

第三に、ＨＲ担任個人ではなくチームであればこそ、ＨＲ生徒・教科担任・学年会・職員会議そして家族に容易に働きかけができました。

　このように、チームを組んでの活動は、心理的にも実質的にも有効に機能することができたと思います。

(2) チーム援助の意義

　では、なぜ校内においてチームを組む必要があるのでしょうか、その意義を述べたいと思います。

　不登校の背景は、その子ども個人の問題だけではなく子どもを取り巻く家族・学校・地域社会等の日常生活を送る場や所属する集団、いわゆる「システム（社会体系）」にあるといえます。このため、子どものシステムに広くかかわらねばならず、チームを組み分業して取り組むことが必要となります。

　学校は、子どもにとって重要な「日常生活を送る場」そのものです。ですから、そこで起きた問題は、そこから離れた場ではなく、その場で解決するのがより自然です。

　学校には、不登校生徒に多面的にかかわることのできる人的資源が豊富にあります。たとえば、ＨＲ担任・養護教諭・教科担当・ＨＲ生徒・部活動顧問などです。さらに、家庭・地域社会・専門機関との連携を取ることも容易です。ですから、学校は人的資源を駆使して包括的にかかわれる立場にあるといえます。生活の場である学校こそが、この立場を最大限に利用して、子どもを取り巻くシステムにチームでアプローチすることが可能なのです。

(3) その後のアキヨさんの様子

　アキヨさんは、相談開始後４か月目に再登校し、その後は欠課時数や勉強の遅れと闘いつつも、ボランティア活動では賞を受けるほどの活躍をして３年生に進級しました。進級後、何度か揺り戻しはありましたが、第一希望の大学に合格し、笑顔で卒業していきました。

　私たちは、アキヨさんとのかかわりを通して、改めてチームで取り組むことの大切さを学びました。

　では、チーム援助を広く普及させるには何が必要とされているのでしょうか。それは、「チームリーダーの育成とスーパーバイザーの配置」だと思います。チームリーダーは、ＨＲ担任を支援し、チームの編成や運営をする重要な存在です。この点を考慮した養成講座や研修会が望まれます。また、スーパーバイザーは、チームリーダーを支援するために欠かせない存在です。本来、スーパーバイザーを兼ねる専任スクールカウンセラーの配置が望ましいのですが、スクールカウンセラーの全校配置には至っていないのが現状のようです。当面は、チームリーダーの要請に応じて、スーパーバイザーが学校を訪問するという仕組みが望まれます。

　スーパーバイザーがチームリーダーを支援し、チームリーダーがＨＲ担任を支援するという連携の確立が、チーム援助を活性化させるものと思います。

【石隈・田村式援助チームシート 標準版】　実施日　：〇〇年4月 5日（ ）　16時30分〜17時30分　第1回
次回予定：〇〇年4月12日（ ）　16時30分〜17時30分　第2回
出席者名：相談担当T1、T2、HR担任T3、養護教諭T4

苦戦していること（登校ができない　　　　　　　　　　　　　　　　　　　　　　　　　　）

児童生徒氏名 2年 組 番 アキヨさん 担任氏名 T3		学習面 （学習状況） （学習スタイル） （学力） など	心理・社会面 （情緒面） （ストレス対処スタイル） （人間関係） など	進路面 （得意なことや趣味） （将来の夢や計画） （進路希望） など	健康面 （健康状況） （身体面での訴え） など
情報のまとめ	（A） いいところ 子どもの自助資源	得意(好き)な科目： 自信を持っているもの： 生物 得意な学習スタイル： 学習意欲：	性格のいい面：思いやり 優しい、おだやか ストレス対処法： バイク 人間関係等：	得意なことや趣味： 将来の夢や憧れの人： 役割： 進路希望：	体力や健康状況： 健康維持に役立っている こと：
	（B） 気になるところ 援助が必要なところ	成績の状況： 中下 苦手・遅れが目立つ科目： 英語 学習意欲・態度： 欲：	性格の気になる面： 神経質 行動面等： 進んで行動せず 友達関係等： 気遣い過多	目標や希望の有無等： 進路情報提供の必要性：	心配なところ： 体力低い 疲れやすい こだわりや癖： ストレスが体に出ている症状 不眠症 過敏性腹痛
	（C） してみたこと 今まで行った，ある いは，今行っている 援助とその結果				
援助方針	（D） この時点での 目標と援助方針	「この子にとって必要なこと、大事にしてほしいところ、配慮してほしいこと」等 ①引きこもり状態の解消　　　　　　　　④チーム援助の確立 ②父母の不安を和らげる　　　　　　　　⑤学年での援助体制作り ③本人と相談担当との関係づくり			
援助案	（E） これからの援助 で何を行うか		①本人との相談 ②父母との面接 ③HRへの帰属意識 を持たせる		①保健室での対応の 準備をする
	（F） 誰が行うか		①生徒担当T1 ②父母担当T2 ③HR担任T3		①養護教諭T4
	（G） いつから いつまで行うか		①4月〜 ②4月〜 ③4月〜		①4月〜

参照：石隈利紀著『学校心理学―教師・スクールカウンセラー・保護者のチームによる心理教育的援助サービス―』誠信書房　© Ishikuma & Tamura 1997-2003

【石隈・田村式援助チームシート 標準版】 実施日　：○○年7月 5日（ ）　16時30分〜17時30分　第12回
次回予定：○○年7月12日（ ）　16時30分〜17時30分　第13回
出席者名：相談担当T1、T2、ＨＲ担任T3、養護教諭T4

苦戦していること（登校が困難である　　　　　　　　　　　　　　　　　　　　　　　　）

児童生徒氏名 2年 組 番 アキヨさん 担任氏名 T3		学習面 (学習状況) (学習スタイル) (学力) など	心理・社会面 (情緒面) (ストレス対処スタイル) (人間関係) など	進路面 (得意なことや趣味) (将来の夢や計画) (進路希望) など	健康面 (健康状況) (身体面での訴え) など
情報のまとめ	（A）いいところ 子どもの自助資源	得意(好き)な科目：理科 自信を持っているもの： 生物、環境 得意な学習スタイル： 学習意欲：有り	性格のいい面：思いやり 優しい、おだやか ストレス対処法： 人間関係等： 友人はいる	得意なことや趣味： 環境問題 将来の夢や憧れの人： 環境保全の仕事 役割： 進路希望：大学	体力や健康状況： 健康維持に役立っていること：
	（B）気になるところ 援助が必要なところ	成績の状況： 中下 苦手・遅れが目立つ科目： 英語 学習意欲・態度： 欲：	性格の気になる面： 神経質 行動面等： 進んで行動しない 友達関係等： 気遣い過多	目標や希望の有無等： 進路情報提供の必要性： 進学先の情報提供	心配なところ： 体力低い 疲れやすい こだわりや癖： ストレスが体に出ている症状 不眠症 過敏性腹痛
	（C）してみたこと 今まで行った，あるいは，今行っている援助とその結果		本人面接 両親面接 保健室・学級登校するようになる	情報提供をする 進学に意欲が出る	スイミングで体力を付ける 体力がつき、食欲が出る
援助方針	（D）この時点での目標と援助方針	「この子にとって必要なこと、大事にしてほしいところ、配慮してほしいこと」等 ①進路目的を明確にする ②ＨＲにとけ込ませる ③体力を付けさせる			
援助案	（E）これからの援助で何を行うか	①授業の中での配慮をする	①本人との相談 ②父母との面接 ③ボランティア活動への参加を勧める ④修学旅行への参加を勧める	①進路相談	①スイミングスクールを勧める ②保健室での相談
	（F）誰が行うか	①ＨＲ担任T3 教科担任T5	①生徒担当T1 ②父母担当T2 ③生徒担当T1 ④ＨＲ担任T3	①生徒担当T1	①養護教諭T4 ②養護教諭T4
	（G）いつからいつまで行うか	①6月〜7月	①4月〜 ②4月〜 ③6月〜8月 ④6月〜	①4月〜	①4月〜 ②6月〜

参照：石隈利紀著『学校心理学―教師・スクールカウンセラー・保護者のチームによる心理教育的援助サービス―』誠信書房 ⒸIshikuma & Tamura 1997-2003

16　自傷行為が心配な生徒へのかかわり

養護教諭

1．フユミさん（高3）の学校での様子

　フユミさんは高校3年生(17歳)。家族構成は両親と2人の姉(社会人と短大生)、妹(中1)、弟(小3)、祖父母(父方)です。

　3年生になって4月のある日、授業中に頭痛を訴え保健室を訪れたフユミさんの左頬に、殴られてできたような青アザがありました。検温をして、脈を測りながら何気なく「そのアザはどうしたの？」と尋ねると、「朝起きたら、なっていたんです」と答え、更に話していくと体質なので心配ないといいます。その時の話の内容にとても不自然なものを感じ、フユミさんの心に深い問題を感じました。

　その後、授業中に休養することが頻回となり、話を聴いてみると、フユミさんが信頼していた数学の教科担任が異動してしまったため、とても不安を感じているとのことでした。

　5月になったある日、同じクラスの女子生徒数人から、フユミさんの行動が報告されました。体育館のトイレの前で誰もいないのに手をついて謝っていたり、ロッカーの陰で「ごめんなさい」と言いながら、自分の手で顔を叩いたりしているということでした。

2．フユミさんの問題の理解

　フユミさんの行動を自傷行為としてとらえて、心身の状況について、学校での様子、家庭状況、生育歴に焦点をあて、担任、教科担任、母親から情報収集をしました。

　フユミさんが1歳の時、すぐ上の姉が肺炎になり入院したため、母親はまだ母乳を飲んでいるフユミさんを離して姉に付きそったそうです。その後、フユミさんが小1、中1の時に、母親は体調を崩し入院したということでした。中学3年の時に友人関係のトラブルが原因で不登校気味でした。高校へ入学してからは、欠席もなく、授業中も真面目に学習に取り組む姿がみられ、成績も上位でした。ところが、3年生になって保健室で休養することが多くなり欠課が増え、担任、教科担任は非常に心配ています。大学進学を希望していますが、進学希望者を対象とした課外授業に欠席することが多くなってきました。

　家庭状況については、母親が専業主婦ということもあり、大学進学希望について、経済的な面から賛成できない状態でした。母親はフユミさんの自傷行為に気付いていたのですが、家庭で騒いでしまったら、中3の時のよ

うに不登校になってしまうのではと恐れていました。

以上のアセスメントの結果から考えられる問題状況について、次のようにまとめました。

①主な苦戦は、環境への不適応や自虐行為などである。愛着や基本的信頼感などの発達課題が不十分である。

②担任や教科担任は、フユミさんの優等生的な側面だけをとらえ、心身の状況を十分に理解していない。

③信頼していた教科担任との別れにより、フユミさんの拠り所がなくなり不安を感じている。

3．援助チームの立ち上げ

アセスメントにより得られた問題状況の仮説により、援助チームを作りました。メンバーは、母親、担任、学年主任、進路指導部員、養護教諭の5名の構成です。

第1回目のチーム会議において、養護教諭が各メンバーに働きかけ、それぞれがフユミさんにどのようにかかわれるかを中心に、援助の基本的方針を立てました（援助チームシート参照）。

①フユミさんが保健室に来室した際、無理に授業に出すような指導はせずに、保健室で過ごしながら、本人の意思決定を促すようにする。その際、養護教諭はフユミさんとの基本的信頼関係を作り、愛着形成が育つことを目標にしてかかわる。

②担任は、フユミさんの志望大学の情報提供や、保護者に理解を求めながら学校見学を勧める。受験勉強のための補習を各教科担任へ依頼する。

③進路指導部所属の国語の教科担任は、フユミさんの進路に関する相談を受け、面接や小論文の指導を行う。

④家庭ではフユミさんの気持ちを大切にした対応をする。特に母親は、フユミさんを全面的に受け入れるようにする。

これらの援助方針をもとに、フユミさんを総合的に支援していきました。

夏休みに入り、フユミさんは進学希望者のための課外授業に登校する日が続きました。フユミさんの希望している大学は、県外という理由で両親が反対していたため、担任が奨学金の制度を紹介したり、親子での学校見学をこの時期に実施しました。

養護教諭は保健室でのフユミさんへのかかわりと同時に、1週間に1度くらいの割合で母親に電話をしてフユミさんの学校での様子を知らせ、母親の悩みを聴くことに努めました。

フユミさんの自傷行為は、6月以来家では出ていないとのこと。母親は、信頼している先生が急に転勤したことが、1歳の時に急に母親と離された状況に似ていたのかもしれないと話しました。フユミさんが落ち着いてきているようなので、専門機関への受診の申し込みについてはもう少し様子をみることにしました。

9月になり、フユミさんの保健室来室が少しずつ少なくなり、10月になってからは、休み時間に時々来室する程度になりました。援助チームとしては、フユミさんからの訴えが

あれば対応することにして、フユミさんの受験勉強を応援するようにしました。しだいにフユミさんの成績も安定して、第1希望の大学の基準点に達し、推薦入学で合格が内定しました。職員室や保健室で合格を報告するフユミさんの笑顔に、援助チームの一員として喜びを感じました。

4．連携を振り返っての考察

フユミさんの自傷行為に気付き、担任と話し合った際、担任はフユミさんの行動を「甘え」ととらえ、保健室へ来ることについても「保健室へ逃げて、養護教諭が甘やかしている」と感じていることが言葉の端々に感じ取られました。しかし、援助チームを作り、会議をもち、チームのメンバーとしてフユミさんを支援していくうちに、養護教諭に対する先入観がなくなっていったように感じました。

担任と養護教諭だけの連携よりも、チームとしての連携のほうが個人的な感情が入らず、より援助しやすいと感じました。

今回、母親は援助チームのメンバーでしたが、母親がフユミさんを受け止めることができるように母親の支援に心がけました。母親が元気でいるとフユミさんも元気でいられるような場面も感じることができたので、間接的な援助が成り立ったのではないかと感じています。

母親が落ち着いた気持ちで援助チームの会議に参加するということは、学校と家庭が同じ土俵で生徒の問題にかかわることなり、今回のように早い解決につながるのではないかと感じています。

フユミさんは、つらい受験勉強の中、信頼していた教員と別れた不安な状態を乗り越えることができました。そして、自らの力で第一志望の大学合格へ努力するよう援助できたと感じています。

田村・石隈式【援助資源チェックシート】

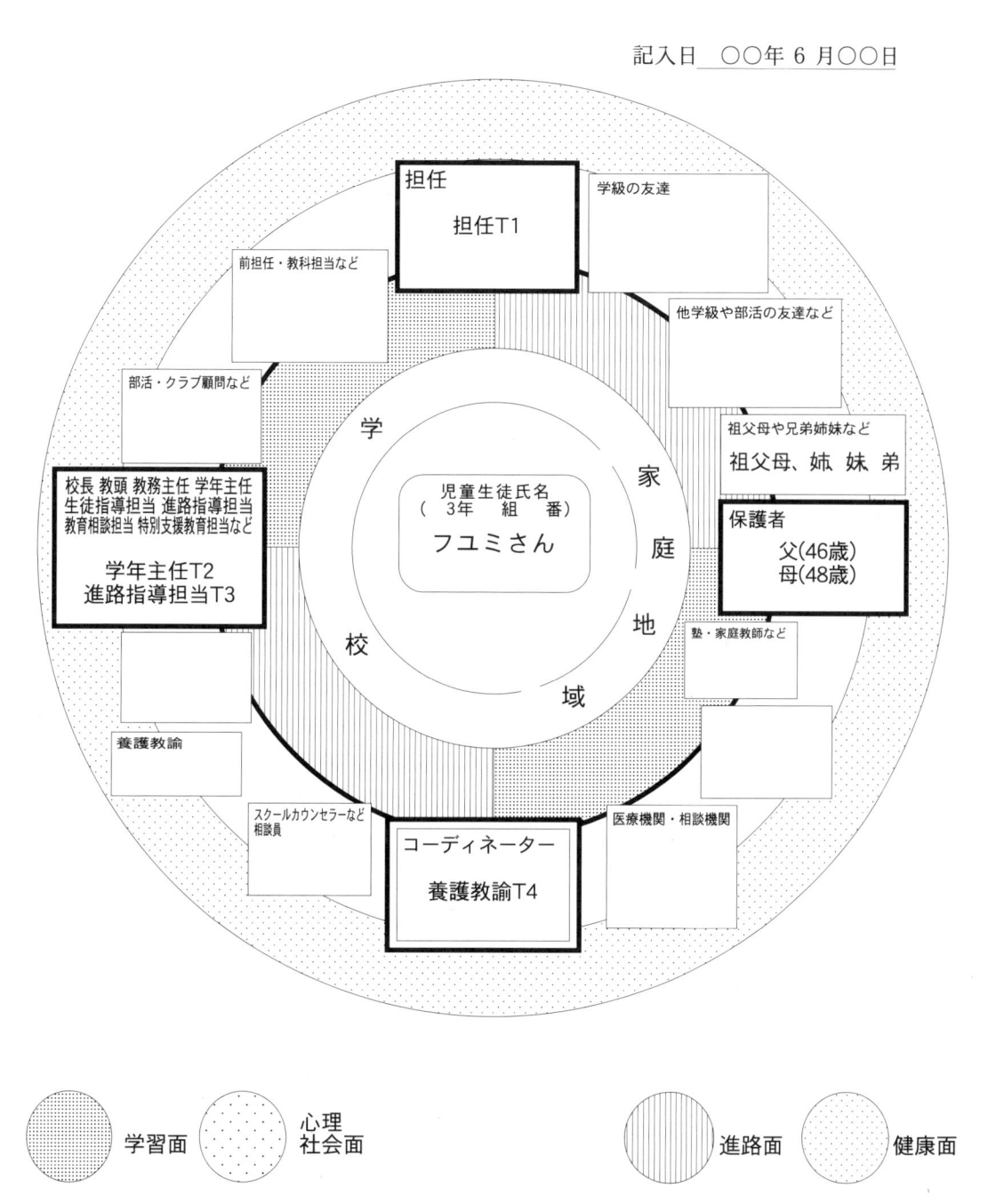

記入日　〇〇年 6 月〇〇日

児童生徒氏名
（　3年　組　番）
フユミさん

担任
担任T1

学級の友達

前担任・教科担当など

他学級や部活の友達など

部活・クラブ顧問など

祖父母や兄弟姉妹など
祖父母、姉 妹 弟

校長 教頭 教務主任 学年主任
生徒指導担当 進路指導担当
教育相談担当 特別支援教育担当など

学年主任T2
進路指導担当T3

保護者
父(46歳)
母(48歳)

学校

家庭

地域

塾・家庭教師など

養護教諭

スクールカウンセラーなど
相談員

医療機関・相談機関

コーディネーター
養護教諭T4

○ 学習面　　○ 心理社会面　　○ 進路面　　○ 健康面

参照： 石隈利紀・田村節子著『石隈・田村式援助シートによるチーム援助入門―学校心理学・実践編―』図書文化
　　　石隈利紀著『学校心理学―教師・スクールカウンセラー・保護者のチームによる心理教育的援助サービス―』誠信書房
　　　　　　　　　　　　©Ishikuma & Tamura 1997-2003

【石隈・田村式援助チームシート 自由版】　実施日　：○○年 6月○○日　17時00分～18時30分　第1回
　　　　　　　　　　　　　　　　　　　次回予定：○○年10月○○日　17時00分～18時30分　第2回
　　　　　　　　　　　　　　　　　　　出席者名：母親、担任、学年主任、進路指導部員、養護教諭

苦戦していること（保健室で休養することが多い。自傷行為　　　　　　　）

児童生徒氏名 3年　組　番 フユミさん 担任氏名		学習面 （学習状況） （学習スタイル） （学力） など	心理・社会面 （情緒面） （ストレス対処スタイル） （人間関係） など	進路面 （得意なことや趣味） （将来の夢や計画） （進路希望） など	健康面 （健康状況） （身体面での訴え） など
情報のまとめ	(A) いいところ 子どもの自助資源	国語が得意である	よく気がつく ボランティアを進んで行う	お菓子作りが得意 教師になるのが夢 ○○大学教育学部進学希望	健康である
	(B) 気になるところ 援助が必要なところ	授業に集中しない 学習意欲の低下 課外授業に欠席しがち	ちょっとした失敗を引きずる おどおどしている 言いたいことが言えない	親と進路希望が一致していない	自傷行為がある
	(C) してみたこと 今まで行った，あるいは，今行っている援助とその結果	なし	保健室で話しを聴く	母親と面接を行う	専門機関を紹介する
援助方針	(D) この時点での 目標と援助方針	①学校にリラックスできる居場所を提供する ②担任との信頼関係を築く ③大学進学への準備を支える ④保護者を支える			
援助案	(E) これからの援助で何を行うか	①受験勉強のための補習を行う ②面接や小論文の指導を行う	①悩みを継続して聴く ②家庭で本人と話す機会を多く作る	①子どもの夢を関心を持って聞く ②進路面の不安を聴く ③志望校の情報を伝える ④親子での学校見学をすすめる	①保健室での休息を認める
	(F) 誰が行うか	①教科担任 ②国語の教科担任	①養護教諭 ②母親	①母親 ②③④担任	①担任・保護者・養護教諭
	(G) いつから いつまで行うか	①②今週から大学合格まで	①卒業まで継続 ②出来る限り継続	①②出来る限り継続 ③④今週からとりあえず夏休み終了まで	①今週からとりあえず一学期終了まで

参照：石隈利紀・田村節子著『石隈・田村式援助シートによるチーム援助入門―学校心理学・実践編―』図書文化
　　　石隈利紀著『学校心理学―教師・スクールカウンセラー・保護者のチームによる心理教育的援助サービス―』誠信書房　©Ishikuma & Tamura 1997-2003

17 教育相談委員会を生かしたかかわり

教育相談委員長

1. アサコさん（高3）の学校での様子

　高校3年アサコさんは、父・母・本人・祖母の4人家族です。基本的に真面目な性格ですが、多少わがままなところがあります。口数が少なく、友人の中でも自分の意見をあまり出さない生徒です。部活動は茶道部で、熱心に活動しています。勉強はあまり好きではなく、成績は中の下で、就職を希望しています。

　4月新年度当初、アサコさんはユウコさん、ハナコさん、ツユコさん、ツキコさんなどクラスの友人から無視されているように感じ、5日間連続欠席をしました。この時、自宅でアサコさんが吐いたので、様子がおかしいことに気づいた母親が、医者に連れて行きました。医者は精神的なストレスからくる神経性胃炎と診断しました。母親は本人から、クラスの友人から無視されていると聞いて、担任に相談の電話をしました。

　アサコさんの欠席はその後も続きました。4月中旬、担任は本人を学校に呼び出し、話をしました。アサコさんは新学期から、ユウコさん、ハナコさん、ツユコさん、ツキコさんら友人から無視されていると訴えました。

しかし、担任は、ユウコさん、ハナコさん、ツユコさん、ツキコさんの日常生活から考えて、いじめるような生徒ではないと判断し、むしろ、アサコさんに何らかの問題があるように思い、アサコさんの話を十分受けとめることができませんでした。アサコさんは担任に理解してもらえなかったと思い、帰宅し、泣きながら担任に対する不信感を両親に訴えました。

　両親は、アサコさんの話を聞いて、担任不信、学校不信となってしまいました。次の日、父親が教頭に電話をして、アサコさんがいじめにあっているのに、担任は対応してくれない。二度と娘を学校に行かせたくない。転学させることも考えるとかなり興奮して訴えてきました。

2. 筆者の立場

　筆者は、当時、教育相談委員会の委員長をしていました。この高校の教育相談委員会は発足して数年たっており、その活動は職員の間で認識されていました。また管理職にも期待されていたと思います。筆者はこの時、学年に所属しない進路部所属でした。3年の授業を担当していて、アサコさんの担任とは仕

事仲間でした。アサコさんについては授業でも教えており知っていました。

3．臨時の教育相談委員会開催と援助チームの立ち上げ

教頭は父親から電話があった翌日、担任と相談し、教育相談委員会に相談することにしました。これを受けて、教育相談委員会はすぐに臨時の会議を開きました（定例会議は月2回開きます）。毎回の出席者は、各学年からの教育相談担当者が3名、養護教諭2名、委員長の筆者の計6名ですが、今回は担任と教頭が参加しました。

この事例の概要を担任と教頭が説明し、まずコーディネーター役を誰にするか話し合い、3年の授業を担当し、アサコさんを教えていた筆者が担当することになりました。

アサコさんを具体的に支える**援助チーム**は、教頭・担任・筆者・部活動顧問の4人としました。部活動顧問はアサコさんの1、2年次の担任でもありましたので、援助チームに入ってもらいました。そして、援助チームの4人で**第1回目の作戦会議**を開き、以下の援助方針を決めました（援助チームシート参照）。

①教育相談委員長はアサコさんと対応する。
②教頭は保護者と対応する。
③担任はいじめの事情調査、及びユウコさん、ハナコさん、ツユコさん、ツキコさんとの友人関係の調査をする。
④部活動顧問はアサコさんの性格、行動、友人関係の情報を集める。

作戦会議のあと1週間で行った援助は、
①管理職がアサコさんの保護者に電話する。

学校側は誠実に対応すると約束し、落ち着いてもらう。そして、教育相談委員長がアサコさんと対応すると話す。
②教育相談委員長がアサコさん宅に電話し、母親と話す。アサコさんと面談したいと伝える。
③担任がユウコさん、ハナコさん、ツユコさん、ツキコさんと面談し事情調査をする。ユウコさん、ハナコさんはアサコさんにあることをやめるように忠告したことがあり、それ以来気まずくなったことがわかった。ユウコさん、ハナコさんは正義感が強い。ツユコさん、ツキコさんも同意見であった。しかし、アサコさんを無視したつもりはないと言う。
④部活動顧問は、アサコさんは口数が少なく、わがままな面があり、誤解されやすいことを把握していた。部活動仲間のヨウコさんからも、アサコさんはあることについて注意されていたことがわかった。

4．チーム援助の実践

第1回目の作戦会議の1週間後、**第2回目の作戦会議**を開きました。メンバーは、教頭・担任・教育相談委員長・部活動顧問の4人です。アサコさんは依然として欠席を続けていました。第1回目の作戦会議後の報告と次の援助方針を決めました。その援助方針は、
①教頭が、アサコさんは高校3年でもあるし、就職のこともあるので、学校に戻ったほうがよいと保護者を説得する。
②教育相談委員長がアサコさん宅を家庭訪

問して、学校にもどるように説得する。
③担任は、アサコさんが学校に戻って来た時のクラスの環境づくりをする。
④部活動顧問は、アサコさんが登校した時、ヨウコさんを中心に受け入れるようにする。
⑤養護教諭に、保健室登校になる場合を考えて連絡しておく。

4月末、全校生徒が参加する大きな体育行事がありましたが、アサコさんは欠席したままでした。教育相談委員長は、アサコさん宅に連絡し、アサコさん宅で面談することにしました。アサコさんは元気そうでした。神経性胃炎も回復したようで、自分に悪い点もあったことを理解し始めていました。ですが、自分の言ったことを両親が一方的に受け止めて、学校に行かせないというようなことになってしまって、進退に困っているような感じでした。

教育相談委員長は、アサコさんに、今後どうしたいのかじっくり聞いていきました。就職活動のこともあるし、そろそろ学校に戻ったほうがいいのではないか。担任も待っているし、ユウコさん、ハナコさん、ツユコさん、ツキコさんも待ってくれているそうだ、ということを伝えました。アサコさんはしばらく考えているようでしたが、来週から登校してみると約束してくれました。

5．アサコさんの変化

5月連休明け、アサコさんは登校してきました。しばらくは、学年団の教員で注意して見守っていましたが、問題もなく登校を続けることができました。担任との関係は少し距離はあったようですが、友人とはうまくいっていました。7月には就職活動も始め、9月には無事内定しました。そして、翌年3月卒業していきました。

6．チーム援助に参加した管理職と担任と筆者の感想

これは、教育相談委員会によりチーム援助が活性化した事例だといえます。今回チーム援助に参加した管理職と担任の感想と筆者の感想を以下にまとめます。

(1) 管理職（教頭）

本校に教育相談委員会があり、活発に活動していることを承知していました。アサコさんの父親から電話があり、話を聞くにつれて、すぐに教育相談委員会に相談しようと思い、担任ともそのように話し合い、2人で相談をもちかけました。すぐに話し合いを持ち、担当を決めて行動に当たっていきました。保護者の対応は管理職の仕事であると思うし、妥当な担当振り分けであったと思います。思ったより早く問題が解決してよかったと思います。

(2) 担任

父親から教頭に電話があったと聞いた時、アサコさんと実際に面談した内容と食い違っていたので、驚きました。教頭が、教育相談委員会に相談しようと言ったので、私もそれがいいと思いました。管理職が保護者を担当

し、アサコさんは教育相談委員長が担当してくれることになったので、ずいぶん気が楽になりました。自分のクラスの友人関係を調整するという担任としての役割を一貫して行うことができたので、良かったと思います。もしすべてを一人で担当していたら、保護者との対応、アサコさんとの対応など大変だったと思います。

(3) 筆者

最後に、教育相談委員長としての筆者の感想を述べたいと思います。この事例で問題が早く解決した理由は以下の4点だと考えます。

①問題が生じた時、管理職が担任と話し合い、すぐに教育相談委員会に相談をし、早く対応できたこと。筆者はこの当時すでに、「チーム援助」を経験していましたので、ただちに作戦会議を開き、援助案を考えました。

②管理職がチームに入り、保護者との対応を担当してくれたこと。保護者とのトラブルは管理職が対応してくれるとずいぶん違います。

③チーム援助に参加した職員が協力的であったこと。

④教育相談担当者がコーディネーターとしての役割が果たせたこと。

田村・石隈式【援助資源チェックシート】

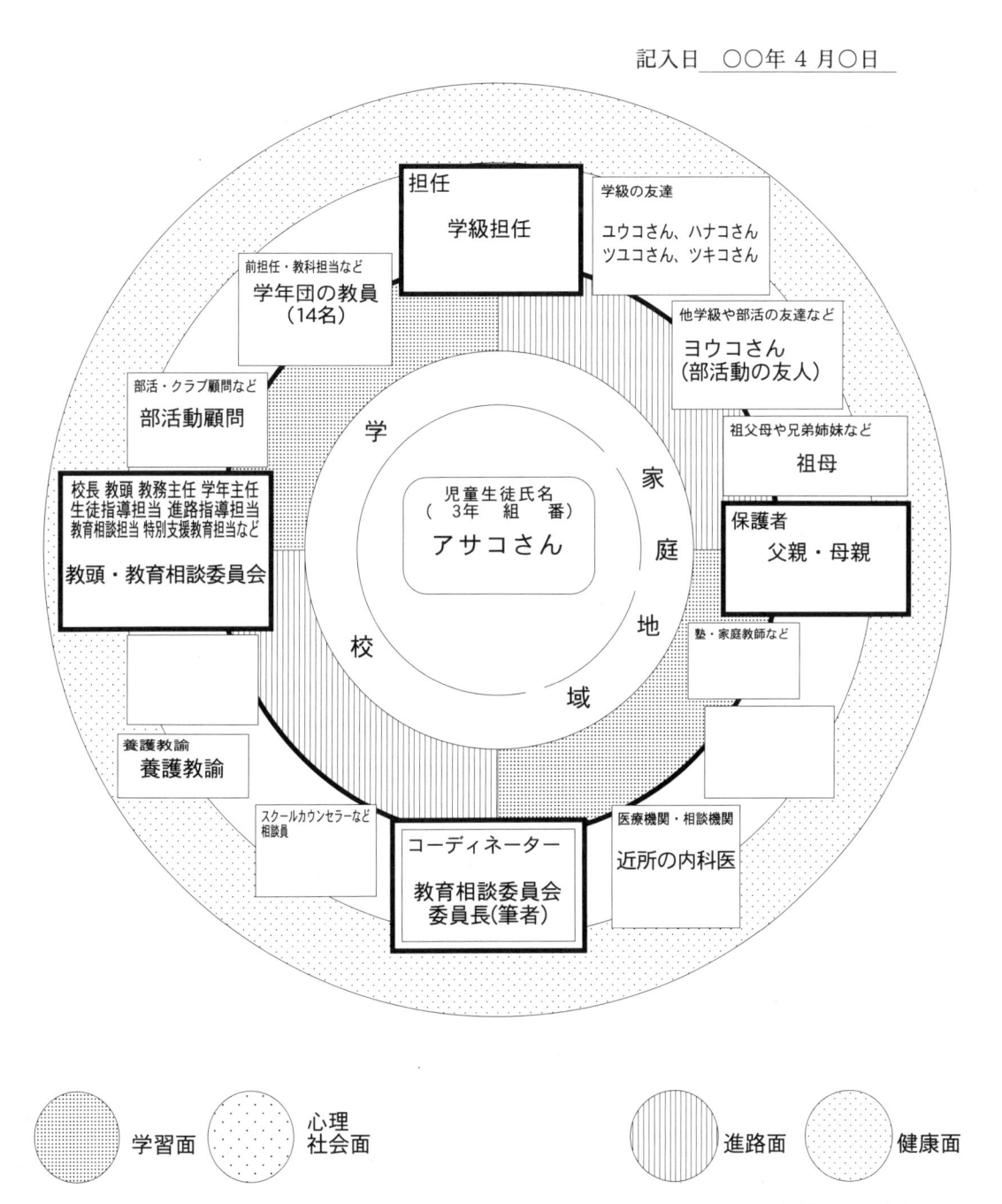

記入日　〇〇年 4 月〇日

担任
学級担任

学級の友達
ユウコさん、ハナコさん
ツユコさん、ツキコさん

前担任・教科担当など
学年団の教員
（14名）

他学級や部活の友達など
ヨウコさん
（部活動の友人）

部活・クラブ顧問など
部活動顧問

祖父母や兄弟姉妹など
祖母

校長 教頭 教務主任 学年主任
生徒指導担当 進路指導担当
教育相談担当 特別支援教育担当など
教頭・教育相談委員会

児童生徒氏名
（ 3年 組 番）
アサコさん

保護者
父親・母親

学校　家庭　地域

塾・家庭教師など

養護教諭
養護教諭

スクールカウンセラーなど
相談員

医療機関・相談機関
近所の内科医

コーディネーター
教育相談委員会
委員長（筆者）

○ 学習面　　○ 心理社会面　　○ 進路面　　○ 健康面

参照：石隈利紀・田村節子著『石隈・田村式援助シートによるチーム援助入門―学校心理学・実践編―』図書文化
　　　石隈利紀著『学校心理学―教師・スクールカウンセラー・保護者のチームによる心理教育的援助サービス―』誠信書房
© Ishikuma & Tamura 1997-2003

【石隈・田村式援助チームシート 自由版】 実施日　：○○年4月○日　16時00分〜16時30分　第1回
次回予定：1週間後　　　　　16時00分〜16時30分　第2回
出席者名：教頭、担任、教育相談担当教員、部活動顧問

苦戦していること（友人に無視されているような気がして、登校できない）

児童生徒氏名 年 組 番 アサコさん 担任氏名		学習面 (学習状況) (学習スタイル) (学力) など	心理・社会面 (情緒面) (ストレス対処スタイル) (人間関係) など	進路面 (得意なことや趣味) (将来の夢や計画) (進路希望) など	健康面 (健康状況) (身体面での訴え) など
情報のまとめ	（A） いいところ 子どもの自助資源	・こつこつ努力する ・美術が得意である	・まじめな性格である ・少数の友人がいる	・茶道部の部活動を熱心に行っている ・アルバイトをしたことから、将来はサービス業の仕事につきたいと考えている。	・基本的にほ良好である
	（B） 気になるところ 援助が必要なところ	・これ以上欠席が続くと成績が下がってしまう（3年1学期の成績は進路決定上重要である）	・口数が少ない ・自分を大切にするところがある	・これ以上欠席が続くと、就職活動が難しくなる	・最近、神経性胃炎で嘔吐する
	（C） してみたこと 今まで行った，あるいは，今行っている援助とその結果				・近所の内科医に通院し、神経性胃炎の薬をもらう
援助方針	（D） この時点での 目標と援助方針	①教育相談委員長がアサコさんと対応する ②教頭が保護者と対応する ③担任がいじめの事情調査及びユウコさんたちとの友人関係の調査をする ④部活動顧問がアサコさんの性格、行動、友人関係の調査をする			
援助案	（E） これからの援助 で何を行うか	①アサコさんの学習が遅れないように、自宅学習するよう、特に就職に向けて就職問題集に取り組むようにアドバイスする	①アサコさんに毎日電話をかけ、気持ちを受けとめる。 ②保護者と電話で話し、落ち着いてもらう。学校は誠実に対応することを約束する。また、教育相談委員長がA子と対応することを連絡する ③いじめの事情調査及びアサコさんの友人関係の調査をする ④アサコさんの性格、行動、友人関係の調査をする	①アルバイトは行かせる	①身体が回復するように、食事等配慮する
	（F） 誰が行うか	①教育相談委員長	①教育相談委員長 ②教頭 ③担任 ④部活動顧問	①教育相談委員長が保護者と電話で相談して決める	①保護者
	（G） いつから いつまで行うか	第1回会議後当分	第1回会議後1週間	第1回会議後当分	第1回会議後当分

参照：石隈利紀・田村節子著『石隈・田村式援助シートによるチーム援助入門―学校心理学・実践編―』図書文化
　　　石隈利紀著『学校心理学―教師・スクールカウンセラー・保護者のチームによる心理教育的援助サービス―』誠信書房　©Ishikuma & Tamura 1997-2003

18 保健室登校から教室復帰、進路決定までのかかわり

スクールカウンセラー

1. アサヨさん（高2）の学校での様子

　アサヨさんは高校2年生です。高校に入学し、最初の1週間はクラスに入っていましたが、その後、教室に行くと気分が悪くなるということで、保健室に行き、養護教諭の提案で、ほぼ1年間、保健室登校を続け、教室に行くことはありませんでした。
　学校には母親が車で送り、その後2時間くらい保健室の隣の部屋（以下、第2保健室）で自習をし、そのあとに母親と一緒に下校していました。高校入学以前のアサヨさんは、小学2年から不登校になり、5年生の時には元気に登校できたもののまた不登校状態になりました。中学2年の半ばから卒業までは相談室登校をしており、これまでに教室で授業を受けた経験があまりありませんでした。

2. 援助チームの立ち上げ、きっかけ

　アサヨさんが高校2年になった時、養護教諭とスクールカウンセラー（筆者）の2名が変わりました。そこで、学校長から、第2保健室の使い方と生徒への援助の両面を考えながら援助をしてほしいということが伝えられました。それまで、第2保健室に登校する生徒には養護教諭がかかわっていましたが、本来の保健室の業務もあり、第2保健室に登校している生徒への継続的な援助は難しかったことと、周囲の教師もなかなか介入ができなかったこと、第2保健室に登校しても欠課になってしまうことで、学校としても第2保健室に登校する生徒の進級などについて問題になっていたことがその理由でした。
　そこで、まずはスクールカウンセラー、養護教諭、保健主任（アサヨさんの学年の学年主任）を中心にして、第2保健室に生徒をおいたままにしないことで方針を決定し、アサヨさんが保健室登校から教室に戻れるように働きかけをすることにしました。

3. チーム援助の経過

(1) アサヨさんも自分を援助するチームの一員……自助資源を探す

　4月からスクールカウンセラーがアサヨさんとの面接を始めました。アサヨさんは、教室に行こうと思うと気持ちが悪くなり、教室で吐いてしまうのでないかという不安から教室で授業は受けられないということでした。以前に教室で授業を受けていた時に気分が悪

くなり、とてもつらかった経験があって、教室に行くとまた同じことが起こるのではないかというのがその理由でした。初回の面接でアサヨさんは「このままなら学校は辞めたい、教室に行けなくてつらい」と言いました。

そこで、スクールカウンセラーが、「教室に行けないことがつらいというのは、行きたいって思っているからじゃないかな」「辞めるのはいつでもできるよ」と言うと、アサヨさんは「そうかもしれない」と言いました。

将来の希望は調理師、栄養士等であること、できれば今通っている高校を卒業したいが、今のままでは高校を続けることは難しいと思っていること、自分の夢もかなわないと思っていることなどを話し始めました。勉強は好きで、特に数学と英語が楽しいと思っているが、授業に出ないで自習だけでは限界があると感じていることもわかりました。

そこで、今、アサヨさん自身にできることを探してみようという方針を立てました。すると、体育館や校庭には行けそうであること、午前中の時間で、授業が始まってからなら教室に入れるかもしれないということでした。

(2) 母親はずっとアサヨさんを応援してきた……援助資源としての母親

母親は毎朝アサヨさんを送ってきて、車の中で待っていたので、相談室で待ったらどうかと提案し、アサヨさんが体育を見学している間、アサヨさんについて相談を始めました。母親からの情報では、高校を続けることは難しいかもしれないが、なんとか卒業させたいと思っていること、アサヨさんは家ではとても明るく、ひょうきんな子であること、医師からは、自律神経失調症と診断を受けていることがわかりました。

(3) チーム援助へ……養護教諭、保健主任とスクールカウンセラーが中心となって

これらの情報をもとに、保健主任（学年主任）、養護教諭、スクールカウンセラーが相談して、少しずつ教室に行けるようにすることと、退学などの進路変更ではなく、進級することを共通の目標にして、以下のことを進めることにしました。（援助チームシート参照）

・登校したら、担任のところに出席の報告をしに行くことで担任と会う機会を多くする
・保護者とアサヨさんの面接はスクールカウンセラーが継続して行う
・養護教諭が日常的に接する機会を増やし、アサヨさんの健康状態を把握する
・学年主任、担任は学年会をとおしてアサヨさんへの援助を要請する
・体育の授業の見学を始める

4月の下旬から、空き時間の時に第2保健室で世界史の勉強を見てもらうことと、体育の見学を始めるようになりました。母親との面接はスクールカウンセラーが継続して行い、母親の「退学になるのではないか、このままた不登校になるのではないか」という不安を軽減し、常にヘルパーとして母親がアサヨさんを援助できるように支えました。

5月の半ば頃には吐き気がひどくなったので、再度通院をして内蔵の検査をしてもらい、内科的には問題はないという診断を受けました。また、学年会にスクールカウンセラーが

参加して、アサヨさんへの学年の教師のかかわりについて相談し、夏休みまでは、担任、保健主任（学年主任）、養護教諭とスクールカウンセラーを中心にアサヨさんへの援助を行うことを確認しました。

7月の中間考査は、高校入学以来初めて教室で受けることができました。試験前はアサヨさんの緊張は非常に強くなり、不安を訴えたので、スクールカウンセラーがアサヨさんの不安についてアサヨさんと十分に話し合い、当日起こることを予想して対処方法をアサヨさんと決め、保健主任（学年主任）が中心になり、アサヨさんが気分が悪くなった時には教室を出られるように入り口のドアを開けておくことを試験監督の教師に頼み、廊下には学年の教師が1人待機していることなどの協力を得られるようにしました。中間考査を教室で受けることができたことはアサヨさんの自信につながり、夏休み中には、自分の進学したい大学を見学に行きました。

9月になり、徐々に教室で受ける授業を増やすことにしました。そこで、アサヨさんは時間割を1か月分印刷した用紙に、出席、欠席を記入することにしました。用紙は養護教諭が管理し、アサヨさんは毎日、出席できた時間割を赤色のマーカーで塗りつぶしました。

9月には少なかった赤い色が10月に入る頃には多くなったので、体育祭への参加を促しました。1種目だけの参加でしたが、小学校1年以来初めて体育祭に参加することができました。この頃には、学年の教師を中心に、アサヨさんを励ますことを意図的に進めることにしました。

11月にはほとんどの授業に出席し、時間割は赤い色で埋まるようになりました。そこで、校内の研修会を使ってアサヨさんの事例を話し合い、これまでの経過と、担任、学年主任、養護教諭、母親とアサヨさんへの援助の経過についてスクールカウンセラーが全職員に説明をしました。

その頃アサヨさんは授業には出ていましたが、体育の授業は見学を続けていました。養護教諭から、見学の時とても寒そうにしていることが伝えられ、母親からの情報で、アサヨさんは体を動かすのは好きな子で、小さい時は走るのがとても速かったということもわかっていたので、「寒いんだったら、体育の授業をやっちゃえば？」と養護教諭とスクールカウンセラーから働きかけをし、学年会でアサヨさんに体育の授業に参加することを勧めていることを伝えました。

事前に、スクールカウンセラーはアサヨさんに「体育の授業に出なくてはいけないこと」について提案し、一方で養護教諭は「無理にやらなくても良いよ」とアサヨさんに言い、体育の教師はいつもどおりに授業を進めることでそれぞれの役割を確認しておきました。当日授業に参加したアサヨさんは、棒高跳びを跳び、「楽しかった」と言いました。

冬休みになるまで、アサヨさんは教室で授業を受け、休み時間だけ保健室に来るという状態になりました。

(4) 援助の継続……母親と協力して

アサヨさんは1月からも教室で授業を受け、欠課時数等の問題で進級が難しいということ

はなくなりましたが、大学に進学し通学するためには、電車に1人で乗れるようになるという課題がありました。長い間不登校だったアサヨさんは、どこに行くのも母親と一緒でしたので、1人で電車に乗れませんでした。そのことで、進学先の大学の選択肢が狭まってしまうということが予想されました。

高校3年の4月からは、母親に送ってもらうのではなく自分だけで登下校することを、アサヨさんの新たな目標にしました。そこで、母親と相談し、朝は母親が車で送り、帰りはスクールカウンセラーが勤務する日に一緒に一駅だけ電車に乗り、駅に迎えに来てもらうことにしました。これを何度か繰り返すうちに電車での通学ができるようになり、一緒に帰る友人も増えました。

高校3年になったアサヨさんは、休み時間に保健室に来ることもなくなり、他の生徒と同じように授業を受け、現在は大学受験に向けて勉強中です。

4．連携を振り返っての考察

高校の3年間は、自分の人生上の進路や職業を選択し、就職や進学などを具体的に決定していく時期にあたります。そして、高校は義務教育ではありませんから、アサヨさんのような苦戦状況になった時には、出席日数や欠課時数を理由に、進級や進学が困難になってきます。つまり、アサヨさんが教室に行かれないという状況が、その後のアサヨさんの進路にかかわると言えるでしょう。

そこで、アサヨさんには大きく二つの目標を立てました。

一つは、アサヨさんの自助資源である「栄養士か調理師になりたい」という夢を育てることです。母親とアサヨさんとの面接をとおして、スクールカウンセラーである筆者は、アサヨさんの夢をふくらませ、より具体的に夢を描くということを中心に行いました。また、常に保護者を支え、アサヨさんの自己効力感を支え続けました。

そして、二つめの目標は、アサヨさんが教室に行かれるようになるための具体的な援助をするという目標です。これは、援助チームの目標になりました。アサヨさんができる目標を設定し、母親、教師、養護教諭、スクールカウンセラーの全員がそれぞれの立場や役割を生かしながら援助を続けました。

チーム援助をするまでのアサヨさんへの援助は、養護教諭だけが行っていました。そのことで、保健室がアサヨさんの問題を抱え込んでいるという印象を周囲の教師が持っていました。同じようなことが相談室に勤務するスクールカウンセラーにも起こることがあります。それは、スクールカウンセラーの行う子どもへの援助方針や援助の内容が周囲の教師に見えない時であると考えられます。保護者、担任、養護教諭、スクールカウンセラー等が援助チームのメンバーとして援助方針を共有することによって、どのような援助が行われているのかが周囲の教師にも伝わり、このような誤解が少なくなるとともに、子どもへの援助に対する協力も得られやすくなると感じています。

【石隈・田村式援助チームシート 自由版】 実施日　：○○年4月○○日　○○時○○分～○○時○○分　第1回
次回予定：○○年5月○○日　○○時○○分～○○時○○分　第2回
出席者名：担任、養護教諭、スクールカウンセラー、保健主任

苦戦していること（気持ちが悪くなって、教室に行けない　　　　　　）

児童生徒氏名 2年 組 番 アサヨさん 担任氏名		学習面 (学習状況) (学習スタイル) (学力) など	心理・社会面 (情緒面) (ストレス対処スタイル) (人間関係) など	進路面 (得意なことや趣味) (将来の夢や計画) (進路希望) など	健康面 (健康状況) (身体面での訴え) など
情報のまとめ	（A）いいところ 子どもの自助資源	・数学と英語が得意(本人) ・毎日、勉強している(母)	・家ではひょうきん(母) ・おとなしく真面目(担任・保健主任)	・栄養士、調理師(本人・母)	・走るのは得意(母)
	（B）気になるところ 援助が必要なところ	・化学・物理がわからない(本人)	・親しい友人はいない(担任・母) ・緊張が強い(養教・母)	・なんとか卒業させたい(母)	・教室に行こうとすると吐き気がする(本人・母)
	（C）してみたこと 今まで行った，あるいは，今行っている援助とその結果	・第2保健室で自習を続けた(本人)	・保健室登校(養教) ・学校への送り迎えをしている(母)		・自律神経失調症(医師)
援助方針	（D）この時点での目標と援助方針	①登校したら、担任のところに出席の報告をしに行く ②保護者とアサヨさんの面接はスクールカウンセラーが継続して行う ③養護教諭が日常的に接する機会を増やし、アサヨさんの健康状態を把握する ④学年主任、担任は学年会をとおしてアサヨさんへの援助を要請する ⑤体育の授業の見学を始める			
援助案	（E）これからの援助で何を行うか	①第2保健室で、個別に学習を見る ②体育の授業を見学する ③登下校時間を記録する ④授業に出た時の様子を観察する	①アサヨさんとの面接 ②母親との面接 ③担任とのかかわりを強くする ④アサヨさんの違う面を探す	①アサヨさんの進路情報を集める ②アサヨさんの夢を育てる	①規則的な食事と睡眠をとらせる ②体調の善し悪しを観察する
	（F）誰が行うか	①空き時間の教師 ②体育の教師 ③④養護教諭	①②スクールカウンセラー ③担任 ④全員	①担任 ②スクールカウンセラー　母・養教	①母親 ②母親・養教
	（G）いつからいつまで行うか	①中間試験まで ②様子を見ながら ③④毎日	①～④次回の話し合い時まで	①次回の話し合い時まで ②継続して	①いつまでも ②次回の話し合い時まで

参照：石隈利紀・田村節子著『石隈・田村式援助シートによるチーム援助入門―学校心理学・実践編―』図書文化
石隈利紀著『学校心理学―教師・スクールカウンセラー・保護者のチームによる心理教育的援助サービス―』誠信書房　© Ishikuma & Tamura 1997·2003

資料・「ちょっと待って！　その言葉」

ちょっと待って！その言葉	こんなふうに言い換えてみると……	援助方針が具体的になります
宿題を忘れる	宿題を提出しない 宿題を完成しない	「宿題が出ていることを忘れた」場合もあるが、それは一つの仮説で、学校で知ることができる子どもの様子は「宿題を提出していない」か「宿題を完成しない」かです。もし「宿題を忘れる」と決めてしまったら、「宿題の大切さを教える」という援助方針になりますが、別の仮説を考えると援助方針が変わってきます。たとえば、①宿題を途中までしたが疲れて寝てしまった。②できるところだけしたが、全部できていないので提出しなかった。③いつも保護者と一緒に宿題をしているが、昨日は保護者が忙しく、手伝ってもらえなかった。④宿題をしようとしたが，難しくてできなかった。子どもの状態が①から④のような状態だったとすると、子どもへの援助方針もそれに応じたものに変わるのではないでしょうか。
普通の子	子どものいいところや困っているところがまだ分かっていない 他の子どもと比べて特に心配なところはないように見える	「普通の子」と言うとき、その子について情報不足でまだ分かっていないか、先生のほうが特に配慮していないことが多く、「普通の子」には先生のかかわるエネルギーも少なくなります。その結果、「様子を見る」という援助方針になります。しかし、左のように言い換えてみると、日頃の観察をていねいにしたり、ＳＯＳチェックリストやQ－Uなどを活用して、子どもの伸びている点や、苦戦している点を具体的に理解しようという方針が立ちます。子どもが問題行動を示したときは、「普通の子」ではなく、苦戦していたことが分かったことになります。
攻撃的な子	乱暴な言葉や行動が見られる	子どもが攻撃的な言動をするときは、子どもが援助を求めているときでもあります。なぜならば、子どもは温かい触れ合いを得られないと、叱られるような冷たい触れ合いを求めるからです。子どもの言動を攻撃的と見ると、しつけの観点からルールを教えることに重点を置きがちになります。しかし左のように言い換えてみると、「なぜ乱暴な言動が多くなっているのか、何か大きなストレスがあるのだろうか」など、子どもの心情を理解しようとする姿勢が生まれてきます。つまり、「だめなものはだめ」という行動の基準を教える姿勢と、「何かつらいことがあったのかな」と子どもの気持ちを聞こうとする援助方針の二つが必要となります。

ちょっと待って！その言葉	こんなふうに言い換えてみると……	援助方針が具体的になります
親は困っていない	親は困っていないかのように見える	子どもの言動に親が困っていないかのように見えるときは、これまで度々親のしつけを責められているため開き直っているか、親もどうにもできなくなっているか、相談したくとも自分が責められているためできないか、学校を信用していないか、別に相談できる人がいるか、などの場合が考えられます。そうした親に対して「困っていない」と見てしまうと、子どもも「無責任な親に育てられた子」となり、子どもへのかかわりの意欲が減ってしまいがちです。しかし、左のように言い換えてみると、親を責める姿勢ではないため、親と話し合うことが可能となり、親の「援助ニーズ」も発見でき、親とともに子どもの問題に取り組めます。
親の愛情不足	親が子どもにどうかかわっているかよく見えない	子どもの問題行動の背後に「親の愛情不足」があると見ると、親に問題があることになったり、親を全否定したようになり、子どもへの援助方針は立てにくくなります。しかし、左のように言い換えると、親が子どもにどのような気持ちで、どのようにかかわってきたのかや、どんなことで困っているのか、などについて親の話を聞こうとという援助方針が立ちます。
自尊感情が低い	自信がなさそうに見える	「自尊感情が低い子」と見ると、「どんな場面でも自分に自信が持てない子」になりがちですが、左のように言い換えると、どういう場面のときに自信なさそうにしているのか、少し元気なのか、元気なのかを確かめ、少しでも元気な場面や元気な場面でのかかわりを多くすることで自信を持たせよう、という援助場面の発見や援助方針を立てることができます。
集団に入れない	一人で行動することが多い	「集団に入れない」と見ると、問題は「入れない子」の側にあると思いがちです。しかし、「集団」の側に問題はないのでしょうか。また、集団に入っていれば安心でしょうか。左のように言い換えると、集団という枠組みとは別に、個人を単位としての友人関係の有無や学級に対してどのような気持ちでいるか、集団で行動するときにどのように苦戦しているのか、などを観察したり調べたりする中で、その子に応じた援助ニーズを発見することができます。
指導が通らない	先生の言うことが伝わっていない	「指導が通らない」と言ったとき、どのような「指導が通らない」のか、「どんなときに」通らないのか、通らないとき子どもたちは「どんな状態」なのか、を問うことなく、子ども（たち全体）が「問題あり」となってしまわないでしょうか。しかし、左のように言い換えると、「先生が子ども（たち）に伝えようとしている内容や言い方」「子どもの聞く態勢」「先生と子ども、子ども同士の人間関係」などを具体的に検討してみる必要性が分かります。

【引用・参考文献】

本書の執筆にあたって、下記の文献を引用・参考させていただきました。
記して感謝申し上げます。

1．文部科学省　2004『小・中学校におけるLD（学習障害）、ADHD（注意欠陥／多動性障害）、高機能自閉症の児童生徒への教育支援体制の整備のためのガイドライン（試案）』
2．石隈利紀・田村節子　2003『石隈・田村式援助シートによる援助チーム入門－学校心理学・実践編』図書文化
3．家近早苗・石隈利紀　2003「中学校における援助サービスのコーディネーション委員会に関する研究－Ａ中学校の実践をとおして－」『教育心理学研究』51巻２号
4．石隈利紀　1999『学校心理学－教師・スクールカウンセラー・保護者のチームによる心理教育的援助サービス』誠信書房
5．田上不二夫　1999『実践スクールカウンセリング』金子書房
6．石隈利紀・田村節子他　2004「心理教育的アプローチ」大塚義孝他監修、亀口憲治編『臨床心理学全書』第10巻　誠信書房
7．田村節子・石隈利紀　2003「教師・保護者・スクールカウンセラーによるコア援助チームの形成と展開－援助者としての保護者に焦点をあてて－」『教育心理学研究』51巻３号　pp.328－338　日本教育心理学会
8．茨城県教育研修センター教育相談課　2002『予防的な学校教育相談の在り方』研究報告書
9．山口豊一　2001「小学校の授業に関する学校心理学的研究－授業における教師の４種類のサポートを中心として－」『学校心理学研究』１号
10．山口豊一　2000「コンサルテーション」國分康孝監修『現代カウンセリング事典』金子書房
11．文部省　1990『学校における教育相談の考え方・進め方－中学校・高等学校編－』大蔵省印刷局
12．文部省　1991『小学校における教育相談の進め方』大蔵省印刷局
13．小林正幸・嶋﨑政男編　2000『子どもの相談機関利用ガイド』ぎょうせい
14．山口豊一・石隈利紀　2001「予防的教育相談の学校心理学的研究－Ａ子への二次的援助サービスの実践を通して－」『教育相談研究』39号
15．文部省　1981『生徒指導の手引き（改訂版）』大蔵省印刷局
16．学会連合資格「学校心理士」認定運営機構学校心理士認定委員会　2002『学校心理士ガイドブック』
17．石隈利紀・瀬戸美奈子　2002「高校におけるチーム援助に関するコーディネーション行動と基盤となる能力および権限の研究－スクールカウンセラー配置校を対象として」『教育心理学研究』50巻
18．田村節子　2004「軽度発達障害の子どもに対するチーム援助のコーディネーション－学校心理学の枠組みから－」『ＬＤ研究』
19．ローナ・ウィング著　久保紘章・佐々木正美・清水康夫監訳　2002『「自閉症スペクトル」親と専門家のためのガイドブック』東京書籍

おわりに
14事例から学ぶチーム援助実践のヒント

石隈　利紀

　本書では、小学校5事例、中学校5事例、高校4事例、計14事例のチーム援助の実践を取り上げました。これらの事例から、さまざまなチーム援助の進め方について学ぶことができます。そこで14事例について、「子どもの苦戦」「援助チームの形態」「チーム援助の促進要因」「子どもとのかかわり」の視点からまとめたいと思います。

　(なお「事例5」のような表記では、本書の第Ⅱ章の5をあらわします。この「おわりに」では、事例5から事例18までを対象としています。)

1．子どもの苦戦

　今回の14事例は、大部分が「不登校」の事例であり、教室での苦戦です。またADHD、LD(事例6)やアスペルガー症候群(事例13)に対する、障害の特性に応じた援助の事例もあります。これらは、援助ニーズの大きい子どもに対する三次的援助サービスの事例です。不登校や発達障害に関する子どもの苦戦に対してチームで援助することにより子どもの学校生活が豊かになることが、これらの事例で分かります。例えば、場面緘黙である小学生が言いたいことを机に指で文字で書くようになり、校長に初めて一言発します(事例9)。もちろんチーム援助が不登校だけでなく非行など学校生活の苦戦に対して幅広く対応できることは、言うまでもありません。

　そして特筆すべきは、友達関係で孤立傾向にある中学生への二次的援助サービスの事例10です。子どもの苦戦の始まりをSOSチェックリストの活用で発見し、学年の教師で共有し、タイムリーに援助した事例です。苦戦が始まった子どもや苦戦が予測される子どもに対する二次的援助サービスは、担任の工夫だけでなく、援助チームとして推進されるとき、さらに充実します。チームによる二次的援助サービスの実践は多く行われていると思います。実践事例が報告され蓄積されるといいと思います。

2．援助チームの形態

　援助チームの形態について整理します。

(1) 援助チームの参加者と人数

　援助チームの参加者は、学級担任、保護者のほかに、養護教諭、教育相談担当、特別支援教育担当、学年主任や学年の教師、部活の顧問、管理職、そしてスクールカウンセラー

などです。援助チームの人数は「コア援助チーム（担任、保護者、スクールカウンセラー）」（事例13）の3名をはじめとして大部分の事例が3名から5名であり、特定の子どもの援助チームとして動きやすい規模と言えます。一方、校内支援委員会（教育相談部会）や学年会が「援助チーム」として機能した事例9や事例10では、8名、10名とやや大きな規模になっています。校内支援委員会や学年会は定期的にもたれる会議であり、また日頃の情報交換もしやすいので、参加者が多少増えても、チーム内のコミュニケーションがはかれると思われます。

(2) 保護者の援助チームへの参加

14事例すべてにおいて、保護者が援助チームの一員として尊重されていると言えます。事例によって、援助チームシートをめぐる話し合いに参加している場合、保護者担当の教職員等が保護者のサポートを行いながら保護者の情報や考えをチーム援助に生かしている場合、チーム援助の方針や経過について説明する場合などがあります。

事例11、事例12では、最初は教職員による援助チームの話し合いを開き、教頭（事例11）や担任（事例12）が保護者と連携しながら、保護者を含む次の話し合いのステップに進めています。

(3) 学校と機関の連携

ネットワーク型援助チーム（16、17頁参照）では、学校の教職員と保護者が地域の機関と連携します。事例8では「学校（担任）、家庭（保護者）、適応指導教室（子ども担当者）」の3者の連携であり、事例14では「学校（担任、教育相談担当）、教育相談室（子ども担当者、保護者担当者）、適応指導教室」の3者の連携です。どちらも不登校で家庭に引きこもり状態のある子どもの事例です。

子どもの発達を支える「（広義の）学校生活」の質を向上するために、学校という学校教育の専門機関、適応指導教室や教育相談室という専門機関、そして家庭の連携は必須と言えます。まさに機関同士の連携は、援助チームの話し合いを通して、「援助者のつながり」と援助シートに基づく「情報のつながり」で、リアイリティをもつと言えます。

3．チーム援助の促進要因

チーム援助の促進要因について、四つの視点から考えてみます。

(1) 子どもを取り巻く援助者間の人間関係

援助チームは、援助者と援助者の良好な関係が重要な鍵となります。事例5では、担当者支援委員会を開催する前に、担任と養護教諭、担任と母親、養護教諭と母親、そして担任、保護者、養護教諭、学年主任の話し合いを、順にもっています。事例7でも、「個別支援の必要性を共有しあえる仲間をみつけ、担任と教育相談係二人だけでも」チーム援助を始めることが強調されています。

(2) 校内支援委員会

学校全体の心理教育的援助サービスのコー

ディネーションを推進する校内支援委員会は、チーム援助を促進する機能をもっています（10、13頁参照）。「緊急校内支援委員会」（事例5）、「校内就学指導委員会」（事例6）、「教育相談部会」（事例9）、「教育相談委員会」（事例17）などは、校内支援委員会と言えます。事例5、事例6、事例17では、校内支援委員会で苦戦する子どもの事例が取り上げられ、援助チームの始動につながっていきます。たとえば事例17では、教頭が子どもの「いじめ」に対して心配した保護者からの電話を受けて、担任とともに、定期的に開かれる教育相談委員会に事例を提出しました。そこで状況の把握が行われ、「教頭、担任、教育相談委員長、部活顧問」からなる援助チームが立ち上がりました。

(3) コーディネーターの活動

コーディネーターは、教育相談担当・校内支援委員会担当（事例5、事例11、事例14、事例15、事例17）、養護教諭（事例7、事例12、事例16）、学年主任（事例10）、特別支援教育担当（事例6）、校長（事例9）、スクールカウンセラー（事例13、事例18）、そして適応指導教室担当（事例8）でした。

本書の事例からも、コーディネーターの働きがチーム援助の重要な促進要因であることがよくわかります。コーディネーターの役割として共通して見られたのは、①援助チームの積極的な立ち上げ、②保護者・担任の援助、③子どもの苦戦と援助に関する情報の収集とまとめ（アセスメント）などです。今回は、事例13や事例18のように、コーディネーター役となった教育相談担当、養護教諭、スクールカウンセラーなどが子ども自身や保護者の担当として、当事者の気持ちや援助ニーズの理解者・通訳として機能している例が見られました。

(4) 道具の活用

14事例のすべてで援助チームシートが示され、大部分の事例では援助資源チェックシートも示されています。援助シートは、子どもの学校生活や援助の状況についての情報をタイムリーに集約し、援助サービスの方針・計画を推進するための道具です。今回のチーム援助の事例は、援助シートという道具を効果的に活用した例と言えます。

また事例10では、「ＳＯＳチェックリスト」を活用して苦戦の始まった子どもへの気づき、事例12では「引継ぎノート」を活用して、一緒に話し合いがもちにくい援助チームのメンバー間の情報交換に役立てています。

4．子どもへのかかわり

チーム援助の充実により、援助者の子どもとのかかわりが豊かになり、子どもの成長が促進されることをめざします。最後に、チーム援助によって子どもへのかかわりがどう変わったのか考えてみます。

(1) 安定してかかわれることができる

チーム援助によって、援助者はお互いの気持ちと行動を支えることができます。また援助する子どもについて、情報や援助方針を共

有することができ、チーム援助の促進とともに、援助者は心理的に安定します。

事例7では、教員歴27年の先生が「以前はただ一人で一生懸命なだけだったけど、チーム援助を通して、他の先生に頼ってもいいんだな」と思えるようになっています。事例5では、学校全体で子どもにかかわっているので、担任は落ち着いて自分の役割（学級経営）に取り組むことができました。事例16では、チーム援助を通して保護者が気持ちを安定させて子どもにかかわるようになっていきます。

(2) 安心して見守り、積極的にかかわることができる

チーム援助で子どもの苦戦している状況が分かると、子どもへのかかわりの意味が分かりやすくなります。その結果、子どもの成長を安心して見守ることも、また積極的に教室復帰を促すこともできるようになります。

事例15では、引きこもりが長く続いた子どもに対して「学校付近の美容院で散髪する」という情報を得て、生徒担当が車で子どもを学校に連れ出すというかかわりをしています。事例18では、保健室登校から教室復帰、進路決定まで、子どもの状況や援助ニーズの変化に応じて、積極的にかかわっています。

(3) 学級集団にかかわることができる

チーム援助では、担任を尊重しながら、子どもの学級集団との関係や特定の子どもへの援助を学級集団でどう行うかについての話し合いが行いやすくなります。その結果、学級集団へのかかわりについて、積極的な案が提出され実施されるようになります。

事例6では、「同世代の友達とよりよい人間関係をもつ」という目標をたて、特別支援教育担当と通常学級担当がＴＴで、通常学級を対象に対人関係ゲームをしました。これは学級全体への援助サービスであり、援助対象の子どもへの援助サービスでもあります。事例10、事例11でも、援助対象の所属する学級集団に対して、対人関係のエクササイズを実施して、子どもと学級の友達との関係を援助しています。

(4) 環境にかかわることができる

子どもを援助チームで、学校全体で支えること自体が、子どもを取り巻く環境が変わることを意味します。同時に、子どもの苦戦を緩和し、子どもの成長を支えるように、環境にはたらきかけることができます。事例9では、場面緘黙の子どもに対して視聴覚準備室を安心できる場として活用し、そこに担任、スクールカウンセラー、校長が顔を出すように調整しています。

さいごに、本書でとりあげた14の事例は、チーム援助の実践のヒントと可能性を示しています。チーム援助を促進する課題は多くありますが、チーム援助に取り組み、お互いが支えあい、子どもの成長につながるかかわりをしていきましょう。「**みんなが資源 みんなが支援**」で進めましょう。

●執筆者一覧 (敬称略　50音順)●

安達英明	家近早苗	石隈利紀	遠藤良枝	小野敏子	岸田優代
岸田幸弘	相楽直子	髙元伊智郎	田村節子	三浦文隆	山口豊一
横島義昭	横山典子	吉本恭子	渡辺寿枝		

●編著者紹介● (2006年10月現在)

石隈　利紀 (いしくま　としのり)

現在、筑波大学大学院人間総合科学研究科教授。筑波大学心理・心身障害教育相談室相談員。学校心理士・臨床心理士。アラバマ大学大学院博士課程行動科学研究科修了。Ph.D (学校心理学)。カリフォルニア州の小学校のスクールサイコロジスト(インターン)、筑波大学学生相談室カウンセラーなどを経て、現職。

先輩のスクールサイコロジストに、援助者が元気になるコンサルテーションとコーディネーションのモデルを発見する。日本ではチーム援助における質の高い実践に出会い、本書につながる。＜援助者がそれぞれ最高の仕事する＞ことから＜結果として子どもが得をするチーム援助＞への移行を提唱する。モットーは「一人でやれることを大切にしながら、仲間とやれることにチャレンジし、みんなでやれることに驚く」。

山口　豊一 (やまぐち　とよかず)

現在、跡見学園女子大学文学部臨床心理学科教授、同大学大学院教授、同大学附属心理教育相談所長。学校心理士・臨床心理士。茨城大学大学院教育学研究科修了(教育学)。茨城県の公立小・中学校の教諭として17年間勤務する。その後8年間、茨城県教育研修センター教育相談課の指導主事として教育相談に関する教員の研修、教育相談に関する研究、教育相談事業に携わる。その間、「学校心理学」と出会い、これからの学校教育を支えるセオリーはこれだと確信する。

平成15年より茨城県スクールカウンセラーとして中学校で生徒と格闘中。「理論と実践(チーム援助)」のつなぎをめざす。

田村　節子 (たむら　せつこ)

現在、スクールカウンセラー、筑波大学大学院非常勤講師、茨城キリスト教大学文学部兼任講師、たむら小児科クリニックカウンセラー、日本学校心理学会理事等、兼務。学校心理士・臨床心理士。筑波大学大学院教育研究科修了(教育学)。日立市教育研究所・水戸市総合教育研究所教育相談員、茨城県カウンセリングアドバイザーなどを経て、現職。

学校心理学が提唱するヒューマンサービスの真髄に触れ共感する。スクールカウンセラーとして大切にしていることは、「子どもがもっている健康な部分に光を当て、保護者が今行えていることに温かいまなざしを向けること。そして、先生方や保護者の方々と一緒に子どもの成長の役に立つこと」。

チーム援助で子どもとのかかわりが変わる
－学校心理学にもとづく実践事例集－

2005年6月30日　第1版
2007年2月20日　第2版

編著者　石隈利紀・山口豊一・田村節子
発行者　兼弘陽子
発行所　ほんの森出版株式会社
〒190-0022　東京都立川市錦町2-1-21-501
☎042-548-8669　FAX 042-522-1523
ホームページ http://www.honnomori.co.jp

印刷・製本所　研友社印刷株式会社

Ⓒ ISHIKUMA toshinori　2005　　ISBN978-4-938874-47-6 C3037
落丁・乱丁はお取り替えします